아이고, 이 양반아!

[홍생 산문집]

ABC HUB

● 머릿말

　오십이라면 지천명知天命이다. 하늘의 뜻을 안다는 말이다. 그런데 오십에 접어든 나를 살펴보면 하늘의 뜻은커녕 내 삶도 제대로 이해하지 못하고 있다. 그래서 여기저기서 사소한 문제를 일으키고 아직도 인간관계에 서툴 때가 많다.

　오십이 되면서 대구교육대학교 문예창작과 대학원에 진학했다. 영어를 전공하고 영어를 가르치는 사람이 뜬금없이 문예 창작을 공부한다고 했을 때, 주변에서는 '그 나이에 뭐 그런 걸 공부하나?'라는 의구심을 보이는 사람들과 '이야, 대단한걸!'이라면서 부러움의 시선을 던지는 이도 있었다. 두 부류의 사람들만 있는 것이 아니라, 그저 담담하게 바라봐 주는 이들도 있었다.

　가만 보면 각자의 처지에 따라서 다들 나를 바라보는 시선이 다름을 알았다. 평상시에 내가 책 읽기를 좋아한다는 사실을 아는 사람들은 제대로 적성을 찾아간다고 했고, 이곳저곳 기웃거리며 시류에 편승하는 나를 본 사람들은 반대했으며, 나를 잘 모르는 사람들은 그저 무심하게 바라본 것이었다.

　고전문학을 전공하신 이강엽 교수님을 만난 것은 행운이었다. 옛이야기를 바라보는 새로운 시선을 가지게 된 것이 공부하면서 얻은 첫 번째 소득이었다. 어떤 말이나 이야기에는 겉으로 드러나는 부분이 있는가 하면 다른 한 편으로는 깊은 속뜻을 담고 있다.

팍팍한 삶을 살아온 조상들의 조정이나 일상사를 재미있게 엮은 야담(野談)과 말로 전승되어 흘러온 구전(口傳)의 기록을 읽어 본 것이 두 번째 소득이었다. 이야기의 화자들이 왜 그런 이야기를 적었으며 또 정말 그들이 전하고자 하는 말은 무엇이었을까, 라는 의문을 가지게 되었다. 서너 줄의 짧은 이야기에서부터 길게는 서너 페이지에 이르는 긴 글의 이야기라 하더라도 저자들의 삶이 오롯이 들어가 있다는 사실을 알았다. 또한 다하지 못한 말들도 있어서 내 나름의 상상의 시간을 가졌다.

옛이야기를 읽고 재해석하고 다시 이 글을 적으면서 스스로 반성하는 시간을 가진 게 최고의 소득이다.

적은 글을 페이스북과 블로그에 연재하였다. 일부는, 〈홍생의 옛이야기마당〉이라는 꼭지로 한국일보의 자매지 대구엠플러스한국에 실렸다. 특히 블로그의 조회수가 이만 회를 훌쩍 넘어가면서 책으로 내면 어떤가라는 빈말처럼 들리는 말을 자주 들었다. 때로는 그런 의미 없는 말이 누군가에게는 의미 있게 다가온다는 것을 핑계로 이 책을 낸다. 또한 작년과 올해 고3 담임을 하면서 힘들어하는 아이들에게 간혹 옛이야기를 전해주었다. 그랬더니 의외로

감동적이다, 재미있다, 의미가 있다는 말을 여러 번 듣게 되었다.

　심심하거나 잠이 오지 않을 때 읽어 주시길 부탁드린다.

　가족의 이야기가 많이 나와서 그렇지 못한 분들께 미안하다. 아버지에게 늘 "아이고 이 양반아!"를 남발하시는 어머니와 그 말을 들으시고는 "허허" 웃어 넘기시는 아버지께 감사드린다.

　나의 글쓰기를 응원해 주는 가족이 있어 좋다. 책 편집에 수고하신 장세현, 이현수 선생님과 삽화를 그려준 우리 반 화가인 동진이에게 감사드린다.

이야기의 출처
한국고전번역원 한국고전종합DB

차례

제1부 도깨비야, 놀자!

011 혹부리 영감에게서 배운다
014 꿀로 마음을 얻다
017 개평
022 목숨값 한 냥
025 젊어지는 샘물
028 소박하게 순박하게
031 의좋은 형제
034 작은 것을 탐하다가는
037 세상살이가 괴로울 때
040 삼 년 고개
043 파란 구슬, 빨간 구슬
046 죽기 살기 아니면 까무러치기
049 내 다리 내놔!
052 빈대에게 배운다
055 소가 된 게으름뱅이
058 호랑이 눈썹
061 물을 문(問)에게 묻다
064 내가 누군지 알아?
068 호떡 반 개
072 금도끼로 나무를 자르는 일

제2부 아이구, 형님!

077 시 땜장이
080 우리는 누구 덕에 사는가?
083 공들이다
086 그때로 돌아간다면
089 쌀 나오는 구멍
092 확 『맹자』를 읽혀 버릴라!
095 원래 그래!
098 호랑이 형님
101 글 의자
105 조선의 안과 처방
108 칼은 내려놓고 밥값을 낼 때
111 울음이 조금 늦었다
114 술이 사람을 먹는
117 전봇대 귀신
121 사랑의 기도
124 우산 없는 집은 어떻게 살꼬?
127 숙종의 두 가지 골칫거리
130 남자구실

제3부 아이구, 이 양반아!

137 쟤가 예뻐? 내가 예뻐?
142 메기와 아내
145 과연 그녀는 남편을 몰라봤을까?
148 사랑의 힘
152 있을 때 잘해!
156 견우와 직녀는 어떻게 되었을까?
159 돌부처에게 비단을 팔다
162 아비 그리울 때 보라
165 지렁이 갈빗대
168 며느리 사랑은 시아버지!
172 책 읽는 아버지
176 우렁이 각시
179 아들의 결심
182 솔로몬의 지혜, 승상의 지혜
185 파리 사또
188 지푸라기 그물로 호랑이 잡기
191 마음의 허기
194 섣달그믐의 쓸쓸함에 대해 논하라
198 콩쥐의 신발 한 짝

제4부 뭐, 어때!

203 광대와 임금의 소통
206 짝사랑
210 오래 살고 볼 일
214 흰 신, 검은 신
217 황금보다 독서가 좋은 이유
220 쌍둥이 형제
224 무사태평 하려면
228 박씨, 허물을 벗다
231 신정승 구정승
234 숨은 고수
237 담임이 누구야?
241 흥부전, 3:14의 법칙
244 호구(糊口), 호구(虎口), 호구(好口)
247 모기와 두꺼비
250 임영웅과 무왕
254 염치
257 벼락
262 염라대왕의 부탁

1부
도깨비야, 놀자!

혹부리 영감에게서 배운다

 어린 시절 학교 가기 싫은 날이면 꾀병을 부렸다. 괜히 나지도 않는 열이 난다고 끙끙 앓으면 이마에 손을 대어보신 어머니는 어김없이 몽땅 빗자루를 들었다. 멀쩡하게 잘 일어나서 등교 준비를 하던 동생들도 덩달아 혼이 났다. 덕분에 학창 시절 12년을 개근했다. 가끔 술자리에서 그런 이야기를 들먹이면 오십 중반에 들어선 친구들 대부분이 자신들도 그렇다고 한다. 그만큼 성실함을 덕목으로 여겼던 시절이 있었다.
 우리가 아주 잘 아는 혹부리 영감 이야기가 있다.
 혹부리 영감의 직업은 나무꾼이었다. 그는 매일 나무를 하러 갔다. 찬 바람이 불던 어느 날, 추운 겨울을 보낼 생각에 해지는 줄도 모르고 나무를 했다. 그러다가 노루 꼬리만큼 짧은 날이 쉬이 저물어 버려 그만 길을 잃고 산 중턱에 있는 어느 빈집에 들어갔다. 산중에 혼자 있으니 너무 무서워 노래를 흥얼거렸다. 이때 도깨비가 나타나 "너의 그 구성진 노래는 어디서 나오는 것이냐?"하고 물었다. 벌벌 떨고 있던 혹부리 영감은 엉겁결에 "바로 이 혹에서 납니다요." 했다. 그랬더니 도깨비는 혹을 떼가고 보답으로 도깨비방망이를 주었다. 그래서 그는 병도 고치고 부자가 되었다. 그 소식은 온 동네에 금세 퍼졌다. 소문을 들은 다른 마을의 혹부리 영감이 똑같이 따라 했다. 나무를 하는체하고는 날이 어둡기를 기다려 그 빈집에 가서 노래를 불렀다. 과연 소문대로 도깨비가 나타났고, "네 노래가 어디서 나오는 것이냐?"하고 물었다. 그래서 그는 "이 혹에서 나옵지요." 했다. "어허, 이놈 봐라, 전에도 어떤 놈이 그러더니 이놈도 거짓말을 하네."하고는 도깨비가 이전 혹부리영감의 혹을 도로 붙이는 바람에 두 개의 혹을 달게 되었다.

 이 이야기가 주는 교훈은 거짓말을 하지 말라는 것이다. 진솔하게 말한 혹부리영감은 부자가 되었고 거짓부렁을 한 혹부리영감은 혹을 하나 더 달게 되었다. 하지만 옛이야기가 전하는 매력은 따로 있다. 혹부리영감이 제일 잘하는 일은 나무하는 일이었다. 나무하는 일을 자신의 천직으로 알았다. 비록 힘은 들었지만, 그는 나무하는 일을 즐겁게 했다. 그러니 밤이 늦도록 나무를 하지 않았을까? 그 결과 자연스럽게 복이 철철 굴러들어 왔다.

이웃 마을의 또 다른 혹부리 영감의 직업이 무엇인지는 알 수 없다. 상상컨대 그는 그런대로 먹고사는 혹을 단 사람이었지 싶다. 그는, 도깨비를 만나 부자가 된 나무꾼처럼, 나무하는 척을 했다. 그러니 일이 될 턱이 있겠는가? 억지로 하는 일은 잘 될 리가 없다. 만약 두 번째 혹부리 영감이 도깨비를 찾아간 이유가 평생 달고 다니던 혹을 떼는 것이었다면 이야기는 달라졌겠다. 그가 도깨비를 만나서 간절하게 거추장스럽고 흉한 혹을 떼러 왔다고 했다면 병을 고치는 기적을 보았을지도 모른다. 그런데 그는 혹을 떼는 것보다는 재물에 욕심이 있었다.

주변에 보면 하는 일마다 망하는 사람이 꼭 있다. 그런 사람에게서 공통으로 찾을 수 있는 것은 그 일을 잘 모른다는 사실이다. 자신이 잘하는 일은 하지 않고 허구한 날 누군가가 뭘 해서 돈을 벌었다는 이야기를 듣고는 따라쟁이처럼 그걸 따라 하니 한발 늦다. 주식도 마찬가지다. 어떤 주식을 사서 누군가가 돈을 벌었다는 소문을 듣고 내가 사면 떨어지고, 팔면 올라가는 일이 부지기수다. 내가 잘하는 일이 아님이 틀림없다. 욕심낼 일이 아니다. 아마도 지금 하는 일에 충실하면 큰 재산은 쌓지 못하더라도 먹고 살기에는 전혀 지장이 없지 싶다. 혹시 아는가, 그렇게 성실하게 살다 보면 어느 날 도깨비가 쓱 나타날지.

꿀로 마음을 얻다

 아침저녁으로 공기가 싸늘하다. 이럴 때 감기에 걸리기 십상이다. 목이 칼칼하면 꿀차가 제격이다. 특히 아카시아 꿀은 그 향이 좋아서 더 즐긴다. 달콤하기도 하고 쌉싸름한 것이 목구멍을 부드럽게 넘어간다.

 『고운당필기』 제4권에 「단 것은 엿뿐인 줄 아는 사람」이라는 이야기가 있다.
 옛날에 어느 양반가에 말을 관리하는 마부가 있었다. 어느 날 그 마부의 어미가 아들을 만나러 왔다. 여든이 넘은 어미에게 대감의 딸이 꿀을 대접했다. 꿀을 처음 먹어 본 어미는 아들에게 "내가 꿀을 먹어 봤다. 일찍이 꿀이 다디달다고 듣기는 했지만, 엿보다 더 달지는 않으려니 했는데, 지금 먹어 보니 단맛이 비길 데가 없구나. 내 지금 죽어도 여한이 없다."라고 말했다.

마부의 어머니는 꿀을 처음 먹어 보았다. 한 번도 맛보지 않은 천상의 맛을 보았더니 지금까지 가장 맛있게 여겼던 엿보다 더 달고 맛있었다는 이야기다. 오죽하면 지금 죽어도 여한이 없다고 했을까. 그 맛이 기차게 달았을 것이다.

 옛이야기가 주는 재미는 그 표면에 있는 것이 아니다. 조금만 더 깊이 들어가 보자. 노파에게 꿀을 대접하는 주인집 딸을 눈여겨볼 일이다. 그녀는 노파에게 신세계를 열어 준다. 허름한 옷을 입은 종의 어미에게 꿀을 대접하는 주인집 딸이라니. 당시에는 양반과 평민의 계층 구분이 분명한 시절이었으니 그녀의 사람에 대한 예의가 지극하다. 자신의 어머니를 극진히 환대하는 주인집 딸을 본 마부는 주인의 말을 돌보는데 최대한의 정성을 기울였을 것이다.

 또 한편의 다른 이야기가 있다. 옛날에 전쟁이 일어났다. 전투가 한창일 때 한 병사의 다리에 종기가 났다. 그러자 그 부대의 장군이 고름을 직접 입으로 빨아서 빼 주었다. 이 이야기를 들은 병사의 어머니는 한없이 울었다고 한다. 우리가 생각할 때는 장군의 부하 사랑에 어머니가 감동했다고 여길 것이다. 그러나 병사의 어머니가 운 것은 감동했기 때문이 아니었다. 장군의 정성에 반한 아들이 장군을 위해 목숨을 바칠 것이 뻔했기 때문이었다.

 지도자의 스타일에는 여러 가지가 있다. 지장(智將)일 수도 있겠고, 덕장(德將)이거나 용장(勇將)일 수도 있겠다.

그런 것은 중요하지 않다. 무엇보다 사람의 마음을 얻을 수 있다면 이미 그는 천하를 얻었다 할 수 있다. 그러니 어디에서 누군가 꿀차를 내놓는다면 주의하시라. 그가 당신의 마음을 훔칠 수도 있으니.

개평

 1987년 12월 22일 화요일, 대학 입시를 끝낸 후 내가 맨 처음 했던 일은 동대구역에 있는 여관에 투숙하는 일이었다. 뭐 그런 게 제일 하고 싶었을까? 하고 궁금해할 분들도 많겠다. (요즘은 수능이 끝나면 아이들이 스마트폰 가게로 달려간다고 한다) 학력고사는 고교 시절 중 청소년기의 마침표를 찍는 최대 행사였다. 시험 후에는 어른으로 대접을 받는 성인식과 다름없었다. 그러므로, 동대구역 앞 여관을 거치는 것은 청소년기를 벗어나 성인으로 탈피하는 통과의례였다. 순진하다면 순진하고, 어리다면 어린 나이였지만 나를 포함한 숙맥 넷이 동대구역을 서성거렸다.
 동대구역 앞에는 파마머리의 생계형 호객꾼, 즉 '삐끼아줌마'들이 있어서 어리숙하게 보이는 치들은 그들에게 좋은 밥이었다. 아니나 다를까 화질 좋은 영상과 최신 영상이 있으니 보고 가라며 얼굴이 동글동글한 아줌마가 우리

의 손목을 잡았다. 뭣도 모르고 우리는 서울 여관(강원도 인제에서 군 생활할 때도 서울 여관이 있었는데, 그 이름이 가장 흔한 것 같다)에 투숙했고, 투숙객 명부에 아무개로 서명했다. 미리 마시지도 못할 소주 몇 병과 쥐포와 오징어 같은 안주를 샀음은 말할 것도 없다. 들어가면서 "좋은 영화 틀어주지요."라고 여러 번 확인하는 말도 잊지 않았다.

우리가 동대구역 여관에 든 것은 속칭 '야동'을 보러 간 것이었다. 지금이야 인터넷 음란물을 쉽게 접할 수 있지만, 당시에는 집 전화기를 사용했고 비디오라는 진귀한 물건은 구경하기 어려운 시절이었다. 그랬으니 비디오 영상을 틀어주는 동대구역 근처와 대명동 영대 병원 네거리의 여관 거리가 우리에게 자주 그물망에 올랐다. 난생처음 보는 원초적 장면은 젊은 야생마 같은 네 명의 소년들의 귀를 발갛게 물들이다가 얼굴을 화끈하게 만들었고, 우리들의 그것은 태어난 이후로 가장 높이 치솟았으니, 무슨 일이 있었는지는 상상에 맡기겠다.

대학합격자 발표 소식이 나기 전까지 고삐 풀린 망아지처럼 우리는 자주 그곳에 들렀는데, 나중에는 시들해져서 다른 재미를 찾았다. 바로 포커 게임에 정신이 팔린 것이었다. 같은 모양을 다섯 장 맞추거나 같은 숫자를 맞추는 단순한 게임이었다. 히든카드를 쪼는 맛이 여간 아니었다.

물론 친구 사이였으므로 가장 많은 돈을 딴 친구가 여관비를 계산하고 아침밥도 사 먹고 했다.

 그런 친구들이 삼십 년이 훌쩍 지난 지금도 모이면 종종 그때 얘기를 하고, 심심풀이 카드놀이를 하기도 한다. 매달 첫째 주 토요일이 모임 날인데 하루는 친구의 사무실에서 그 카드놀이를 하게 되었다. 오십이 넘어 안정된 직장에서 나름대로 직책을 다 갖추고 있는 친구들이어서 판돈도 만만찮았다. 잠깐새였지만 얼추 통닭 두 마리는 살 수 있는 돈을 잃고 나는 그만두어 버렸다. 그러자, 가장 많은 돈을 딴 친구가 '개평'이라며 얼마간의 돈을 돌려주었는데, 그 돈으로는 집으로 돌아가는 택시비 정도 밖에 안 되었다. 판이 끝나고 그 친구가 유명커피점에 들러 집집이 들고 가라며 빵과 음료를 건네주었길래 망정이지 그러지 않았으면 박봉에 좀생이 소릴 듣는 나는 며칠간 마음이 저렸을 것이다.

 심청전 판소리를 들어보면, 심청과 심 봉사가 헤어지는 장면과 심 봉사 눈뜨는 장면이 압권이다. 그중에도 심 봉사 눈뜨는 장면을 연기하는 명창들의 소리가 참으로 듣기가 좋다. 심 봉사가 심 황후를 만나 눈을 뜨는데 그냥 뜨지는 않고, '버언쩍' 뜬다. 그 후 '개평'으로 잔치에 참여했다가 집으로 돌아가던 봉사들도 눈을 번쩍 뜬다. 자다가도, 밥을 먹다가도, 화장실에서 볼일을 보다가도, 심지어는 그저 눈이 가려워 끔뻑끔뻑하던 봉사들이 다 눈을 뜬다. 그뿐 아니다. 그때까지 앞을 보지 못하던 세상의 모든 동물과 미물들이 다 눈을 번쩍 뜬다. 안과의사들의 처지에서 본다면 먹고 살 일이 없어지는 일이라 그 대목을 별로 좋아하지 않겠지만, 판소리를 듣는 이들은 눈물은 눈물대로 쏙 빼면서도 저절로 어깨를 들썩인다.

 봉사의 눈을 뜨는데 쌀을 삼백 석이나 요구한 몽운사의 주지 스님이 얄밉기도 하지만 그 말을 믿은 심청이의 효심이 통했다고 본다. 예나 지금이나 진실로 무엇인가를 원하면 이루어지는 법이다. 진실로 원한다는 것은 절박하다는 것이며 절박하면 그걸 얻기 위해 노력하기 때문이다. 게다가 한 사람의 믿음이 온 세상의 눈먼 이들을 다 구제했으니 말해 무엇하랴.

 나라 살림이 팍팍한지, 매년 떼가는 세금이 늘었다. 세금이 늘었다는 것은 연봉이 올랐다는 얘기도 되겠다. 그렇지만, 열심히 일하고 난 다음에 받은 월급봉투라(물론 통장으로 들어왔다가 금방 텅장이 되지만) 두툼하면 좋고, 세금을 덜 떼가면 좋겠다. 차라리 내가 '개평'이라며 떼 준다면 모를까. 기업들도 매한가지다. 심 봉사가 눈을 뜬 후의 '개평'으로 온 우주가 눈을 뜬 모양으로, 나라는 백성에게, 대기업은 중소기업에게, 중소기업은 또 소매업자들에게 돌아가는 '개평'을 좀 늘리면 좋겠다.

돈 잃고 기분 좋은 사람은 없다. 그래도 '개평'으로 달콤한 케이크와 새콤한 음료수를 얻었으니 밤늦게 놀다가 들어가는 남편을 아내는 여우 눈으로 쳐다보겠지만, 한창인 아이들은 눈을 번쩍 뜰 일이다.

목숨값 한 냥

아들과 나는 닮은 점도 있고 다른 점도 있다. 책상 위를 어지럽히기는 나를 따라 올 사람이 없는데 아들은 정리 정돈에는 일가견을 보인다. 제 방에 들어가 보면 모든 물건이 일목요연하게 정리가 되어서 한 눈에도 정갈하게 보인다. 참으로 다행이다. 그런데 앉을 때 다리를 꼬고 앉거나 비염이 있어서 코를 훌쩍거리는 것들은 닮지 않았으면 하는데 똑 닮았다. 아내로부터 "헛소리 좀 하지 마세요. 왜 쓸데없는 소리를 하세요?"라는 핀잔을 자주 듣는데, 녀석도 그런 것 같다. 보고 배우는 게 좋은 것만 배우는 건 아니다.

『교수잡사』에 다음과 같은 이야기가 있다.

인색한 아버지와 아들이 있었다. 어느 날 마을에 갔다가 돌아오는 길에 비가 억수같이 와서 냇물이 불었다. 아버지가 먼저 건너가다가 물살에 떠내려가게 되었다. 이때 아들의 근처에 사람을 업어서 내를 건네주는 월천꾼(越川軍)이 있어서 아들은 자기 아버지를 구해주면 사례를 해 주겠다고 했다. 월천꾼이 석 냥을 주면 구해주겠다고 하자, 아들은 석 냥은 너무 비싸니 한 냥으로 흥정했다. 이때 떠내려가던 아버지가 아들에게 석 냥은 너무 비싸니 절대로 그런 거래는 하지 말라고 했다. 결국 아버지는 물에 빠져 죽었다.

이 이야기는 욕심에 관한 이야기다. 재물이 아무리 많아도 죽고 나면 아무 쓸모가 없다. 그런데도 이 아버지는 재물에 관한 욕심때문에 목숨을 잃었으니 안타깝다. 욕심은 화를 부르고 화는 건강을 해치게 된다. 살아가는 동안 물욕에 눈이 어두워지면 마지막은 비참하게 생을 마감할 수도 있다는 이야기다.

하지만 이 이야기에는 깊은 뜻이 숨어있다. 아들은 아버지가 하는 모습을 보고 배웠음이 틀림없다. 부모는 자식의 거울이라는 말이 괜히 나온 게 아니다. 아버지가 물에 빠지면 보통의 아들이라면 당장 물에 뛰어들어야 한다. 비록 수영을 못해도 그렇게 하는 것이 인지상정 아닌가? 그런데 평상시 보고 배운 게 있으니, 아들은 물에 빠져 허우적대는 아버지의 목숨을 가지고 거래를 한 것이다. 사람의 목숨을 가지고 흥정하는 일은 있어서는 안 되는 일이다.

또한 월천꾼의 태도도 마찬가지다. 돈을 버는 게 목적이라지만 충분히 구할 수 있는 사람을 구하지 않았으니, 그는 직업적인 부분에서뿐만 아니라 인륜을 따르는 측면에서도 비난받아 마땅하다.

요즘 나의 글 쓰는 모습을 보더니 큰아이는 "저도 글을 써 볼까요?", 하고 글쓰기를 시작했다. 부전자전이 달리 생긴 말이 아니라는 생각이 든다. 좋은 것만 본받길 바라지만(물론, 좋은 점도 별로 없지만) 안 그런 것이 인생 아닌가? 그것도 욕심이다.

젊어지는 샘물

 머리가 빠지는 것도 정도가 있지, 문제가 자못 심각하다. 총각일 때부터 유독 새치가 많아서 흰머리를 감추려고 검은 머리로 염색했는데 그게 화근이 되었다. 머리카락을 물들여서 젊어지는 건 좋은데 지금에 와서는 머리가 듬성듬성하니 오히려 나이가 제 나이보다 훨씬 더 들어 보여서 이만저만 속상한 일이 아니다.
 옛날에 노부부가 살고 있었다. 할아버지는 나무를 하고 할머니는 나물을 캐서 살림을 살았다. 어느 날 할아버지가 나무를 하는데 맑은 샘물이 솟아나길래 한 모금 마셨다. 바로 젊어지는 샘물이었다. 즉시 할머니를 불렀고 할머니도 한 모금 마셨더니 젊은 새색시가 되었다. 이웃집 노인도 이 이야기를 듣고는 샘물을 마셨는데 너무 많이 마셔서 갓난아이가 되고 말았다. 젊어진 부부가 아이를 거두었다.
 욕심을 부려서 갓난아기가 되고 만 노인은 바로 나 같은 보통 사람이 아닐까. 누구라도 그런 샘물이 있다면 정신없이 마시지 싶다. 다른 것도 아니고 젊어지는 샘물이라니, 상상만 해도 즐거운 일이다. 우리는 누구나 지나간 세월을 아쉬워하고 그리워한다. 그러므로 이 이야기는 나이 듦을 안타까워한 어떤 이가 지어낸 이야기가 틀림없다.

지금도 우리는 젊어지는 효과를 가진 약을 많이 먹고 있다. 나만 하더라도 먹으면 머리가 난다는 발모 약에다가 혈관에 좋다는 영양제와 비타민을 먹고 있다. 효과가 있는지 없는지는 모르겠지만, 그걸 핑계로 과식하고 몸에 무리가 가는 운동을 하기도 한다. 그런데 옛이야기가 전달하고 싶은 것은 젊어지고 싶다는 우리의 욕심을 경계하는 그것뿐만은 아니다.

자신이 젊어졌다는 사실을 안 남편은 즉시 아내를 불러서 물을 마시게 한다. 게다가 이야기의 시작을 보면 노부부가 오순도순 살아가는 모습을 보여준다. 남편이 나무를 하면 아내는 나물을 캐는 장면이 다정하다. 애초부터 노부부라고 했으니, 금슬은 좋았으나 나이가 들어 아이를 낳지 못하는 경우가 아닌가. 옛이야기에서 여자가 아이를 낳지 못하면 남자들이 두 집 살림해서 아이를 낳거나 첩을 들이는 경우가 많았다. 하지만 이 부부는 서로를 믿으며 살아왔고 그런 사랑의 힘이 젊음의 샘물을 발견하는 놀라운 일을 가져왔다. 아들도 얻고 행복한 삶도 자연 뒤따라왔다.

1960년대와 1970년대에는 해마다 대략 백만 명의 아이들이 태어났다고 한다. 그런데 지금은 고작 이십만 명이 태어난다니 걱정이 아닐 수 없다. 젊어지는 샘물만 있다면야 나라님이 걱정할 일도 없겠지만, 현실은 그렇지 못하니 지혜를 모아야 할 일이다. 내 머리카락이야 없어도 나라가 돌아가겠지만, 아이들이 없으면 나라의 운명이 오락가락하니 보통 일이 아니다. 옛 노인을 찾아서 샘물이 어디 있는지 물어볼 수도 없고……

소박하게 순박하게

새해가 되니 복 많이 받으라는 축복 메시지가 많이 날아온다. 여기저기서 세련된 캐릭터의 형태로, 때로는 예의 바르게 인사하는 모양으로 보내오기도 한다. 옛날처럼 따뜻한 편지글이나 안부를 묻는 메시지가 없어서 아쉽지만, 그래도 인사를 해 오니 다행으로 여긴다. 그 내용 중에는 "올해는 대박 나시길 바란다."라는 메시지도 제법 있다. 당신에게 갑자기 어디선가 뚝딱하고 큰 복이 내리길 바란다라는 말이어서 좋기도 하지만 터무니없다고 생각할 때가 많다.

『청성잡기』에 다음과 같은 말이 있다. 글솜씨가 부족한 사람은 글 짓는 방법만 이러쿵저러쿵 떠들어 대고, 집안을 망치는 자는 집안 다스리는 방법만 번지르르 말한다. 그러나 그들이 말하는 속셈은 적은 노력으로 많은 성과를 얻으려는 것이니, 절대로 젊은이들에게 배우게 해서는 안 된다. 그들의 말이 솔깃하게 들리지만, 반드시 해를 입게 된다. '어려운 일을 먼저 하고 그 결과를 따지지 않는다.' 하였으니 무슨 일인들 그렇지 않겠는가. 농사를 가르칠 때는 일찍 일어나 밭 갈고 김매게 하고, 글을 가르칠 때는 많이 읽고 많이 짓게 해야 하니, 이것이 진정한 해결책이다.

성대중은 1700년대를 살아간 인물이다. 당시나 지금이나 틀린 게 하나도 없다. 글쓰기가 내 업은 아니지만, 여러 단체에 소속되어 글쓰기를 해왔다. 좋은 글쓰기를 하기 위해서는 선행되어야 하는 일이 글 읽기다. 읽기가 없으면 쓰기도 없다. 말로는 어떠한 글쓰기도 할 수 없음이다. 마찬가지로 아랫사람에게 아무리 자신을 존경하라고 떠들어도 존경받을 수는 없다. 존경받으려면 스스로 치켜세울 일이 아니라 존경받도록 행동해야 한다. 그런데, 대박 나라고 하니 좋기도 하고 한편으로는 찝찝하기도 하다. 영국 옥스퍼드 영어 사전에 대박daebak 이라는 단어가 등재되었단다. 한국어에서 유래한 단어 '한류', '김밥', '오빠' 등과 함께 실렸다고 하는데, 어감이 별로 좋지 않게 들려서 영 실망스러웠다.

대박의 반대말이 쪽박이라고 치면, 평범한 인생을 살라는 말은 '소박(素朴)'이 되겠다. 이때의 소박은 '순박(淳

朴)'이라는 말로도 쓰이는데 꾸밈이 없고 거짓 없는 진실한 삶을 이야기한다. 같은 의미지만 처를 모질게 대하는 소박(疏薄)의 의미로 알면 큰일 날 일이다.

앞으로는 갑작스럽게 복이 막 쏟아지는 '대박'이라는 말보다는 '소박'이나 '순박'이라는 말이 메시지에 많이 담겨오면 좋겠다. "농사를 가르칠 때는 일찍 일어나 밭 갈고 김매게 하고, 글을 가르칠 때는 많이 읽고 많이 짓게 하라."는 성대중 어르신의 말을 기억한다면 저절로 나중에는 대박이 나 있지 싶다.

의좋은 형제

건강 검진을 했더니 뱃가죽에 기름기가 잔뜩 껴있으니 주의하란다. 한마디로 운동은 하지 않고 먹기만 한 결과이며 일종의 위험신호란다. 다행히 그것 말고는 큰 병은 없어서 크게 염려하지는 않았지만, 사소하게 보이는 것이 큰 화를 불러온다는 의사의 말에 겁이 좀 나기도 한다. 무엇보다 먹는 걸 줄이라고 하니 김이 모락모락 나는 면발 굵은 칼국수와 갓 구운 파전과 막걸리 냄새 솔솔 풍기는 옥수수식빵이 눈에 어른거려 과연 줄일 수 있겠냐는 생각이 든다.

우리가 익히 알고 있는 옛이야기에 의좋은 형제 이야기가 있다. 우애 좋은 형제가 그해 수확한 볏단을 두고는 서로를 걱정했다. 금방 결혼한 동생에게 쌀이 더 필요하다고 생각한 형은 동생의 볏단 위에 자신의 볏단을 올려두었다. 식구가 많은 형의 살림을 걱정한 동생은 자신의 볏단을 형의 볏단 위에 쌓아 올렸다. 다음 날 아침에 두 사람은 볏단에 변화가 없는 것을 발견했다. 그러던 어느 밤중에 볏단을 나르다가 둘이 만나게 되었다. 서로 도움을 준 사실을 안 형제는 우애롭고 행복하게 잘 살았다.

이 이야기는 1970년대와 1980년대에 초등학교를 다닌 사람이라면 다 아는 이야기다. 나도 이 이야기를 교과서에서 배웠는데, 형제는 우애롭게 살아야 한다는 교훈을 강조하시던 선생님이 떠오른다. 지금 읽어 보아도 참 형제간의 사랑이 대단하다는 생각이 든다. 안 그래도 먹을 것이 부족했던 시절이었으니 누구라도 조금 더 가지려고 욕심을 부리던 때가 아니었던가. 더군다나 보릿고개가 수많은 생명을 앗아갈 때였으니 형제의 서로에 대한 배려가 더욱 돋보인다.

그런데, 두 사람이 서로에 대해 걱정하는 부분을 보자면, 형은 갓 결혼한 동생의 살림살이를 걱정하고, 동생은 식구가 많은 형의 먹을거리를 걱정한다. 둘 다 걱정하는 것이 '먹고사는 문제'다. 우리가 익히 알듯이 먹는 문제가 해결되면 사는 걱정은 상당 부분 해결된다. 그러므로 백성들의 먹는 일을 해결하는 것이 예나 지금이나 나라님의 가장 큰 걱정이 되겠다.

먹는 문제가 해결되면 인구문제도 풀리고 결혼 문제도 해답이 보일 것 같다. 결국, 의좋은 형제는 '먹는 문제' 해결이 만사형통이라는 만고의 진리를 이야기한다. 그런데, 요즘은 먹는 문제가 해결되었음에도 사람들이 행복하지 못하다. 비교 때문이다. 의좋은 형제는 먹는 문제만을 걱정하며 살았다. 비교는 했지만, 자신보다 못한 사람을 배려하는 차원이었다. 나보다 잘 사는 사람을 비교해서 시샘하고 질투하는 것이 아니라 나보다 못한 사람이 잘 산다면 좋겠다는 염원이 둘을 행복하게 했다.

어린 시절 한 밥상에서 마주 앉아 밥을 나눠 먹을 때를 생각해 보면, 어머니의 주걱이 어느 한쪽에 치우친 적이 없었다. 다만 어머니의 밥그릇이 채워진 적이 없다는 사실을 깨닫는다. 지금처럼 풍족하지는 않았지만, 배가 부르면 행복했다. 또 고기냐며 투정을 부리는 아이들을 보면서 우리만 너무 잘살고 있는 건 아닌지, 행여 이런 일이 누군가에게는 재앙은 아닌지, 의좋은 형제 이야기를 다시 곱씹는다. 이런 생각이라면 아무리 먹어도 배가 불러오지 않는 것이어서 마음껏 먹어도 되겠다.

작은 것을 탐하다가는

 언젠가 동창회 모임이 있었는데 큰 사업을 하시는 선배님과 앉게 되었다. 말이 좋아 선배님이지 아버지뻘 되시는 분이었다. 어렵게 자수성가하신 분이신데 장학회를 만들어서 큰 액수를 기부하시기도 해서 존경하는 마음이 있었다. 행사가 끝나고 식사 시간이 되었는데, 허기가 져서 음식들을 이것저것 가득 담아왔다. 그런데 선배님은 아주 조금의 음식을 드시는 것이었다. 맛난 요리가 많은데 좀 더 드시라고 권했더니, 당신은 여기 행사가 목적이지, 먹는 것은 목적이 아니라고 하셨다. 그리고 이곳저곳 장소를 옮겨가면서 여러 사람과 인사를 하고 정답게 이야기를 나누었다.

 한 스님이 곶감을 다락에 숨겨 놓고 하나씩 먹었다. 동자승들에게 먹는 것을 들키면 스님은 "이것은 나에게는 약이 되지만 너희들이 먹으면 곧 죽을 수 있다"라고 속이고는 혼자서만 먹었다. 어느 날 스님이 마을로 내려간 사이에 한 동자승이 숨겨둔 곶감을 먹었다. 하나를 먹어 보니 너무 달고 맛있어서 한 꾸러미를 다 먹어버렸다. 그러고는 스님이 평상시에 아끼던 벼루를 산산조각 내고 앓아누웠다. 스님이 돌아와서 왜 그런지 물어보자, 동자승은 "스님이 아끼시던 벼루를 깨뜨려서 혼이 날까 두려워서 죽으려고 곶감을 먹었는데 죽지는 않고 배만 아픕니다."라고 대꾸했다. 스님은 벼루도 잃고 곶감도 잃었다.

 이런 부류의 이야기는 옛이야기에 아주 많다. 욕심을 부리다가 가진 것을 다 잃을 수 있다는 사실을 잘 알려준다. 스님이 나눌 줄은 모르고 혼자서만 먹었으니 결국에는 자신이 아끼던 물건까지도 잃어버렸다. 하지만 옛이야기는 겉으로 보이는 것만 봐서는 곤란하다. 스님의 직분은 만인을 위해서 기도하는 일이 본업이 아닌가? 그런데 염불에는 관심이 없고 먹으려는 식탐만 가득하니 본연의 임무를 제대로 수행할 수 없는 노릇이다. 곶감을 숨겨 놓고 먹었다고 하니 대개 맛이 있었나 보다. 아무리 그렇다 하더라도 동자승들을 속였으니 그 또한 잘못이다.

 이야기에서는 스님이 아끼던 벼루와 곶감을 잃었다고 했지만, 실제로 스님이 잃어버린 것은 그것뿐만이 아니다. 큰스님으로 받아야 할 존경심을 잃어버렸다. 상좌승들은 오로지 스님을 바라보고 스님의 가르침을 배우고자 했는데 입 호강 때문에 신뢰마저 잃어버렸다. '소탐대실'의 전형이다.

  선배님과의 만남 이후에 음식 자리에서 가능하면 적절하게 먹으려고 노력 중인데, 사실 잘 안된다. 평상시에 맛볼 수 있는 음식이 아니라서 더 그렇다. 이래저래 작은 것을 탐하니 아직 한참 멀었나 보다. 그래도 모임의 목적을 마음에 두기 시작했으니 일단 진일보한 셈이다.

세상살이가 괴로울 때

　삶이 뜻대로 잘 안 풀릴 때가 많다. 왜 나의 인생은 이런가? 다른 사람들은 좋은 집에 좋은 차에 해외여행도 잘 다니는데 맨날 열심히 일해도 삶이 팍팍하고, 다음 달 돌아오는 대출금 이자 갚기도 힘드니, 뭔가 불공평하다는 생각이 들 때가 있다. 딴마음을 먹고는 영영 돌아올 수 없는 길을 가 버린 사람들의 뉴스도 종종 접한다.
　복을 찾는 구복(求福) 여행에 관한 옛이야기가 있다.
　시골에 한 총각이 있었는데, 아무리 열심히 나무를 해서 팔아도 도무지 생활이 나아질 기미가 보이지 않았다. 그래서 그는 옥황상제에게 한 번 따져 보기로 하고는 길을 나섰다. 가다가 날이 저물어 어느 집에 하룻밤을 지내게 되었는데, 그 집 주인인 젊은 과부는 자신이 언제 다시 좋은 남편을 얻을 수 있는지 궁금하니, 옥황상제에게 물어달라고 부탁했다. 다음날은 한 노인을 만났는데, 심은 지 오래

된 사과나무가 왜 열매를 맺지 않는지 알아봐 달라고 했다. 드디어 옥황상제를 만나기 직전이었는데 너무 큰 강이 있어서 어쩔 줄 몰라 하고 있을 때 이무기 한 마리가 나타났다. 그런데 이무기는 자신은 벌써 용이 되어야 하는데 왜 승천할 수 없는지 알고 싶다며, 그 대답을 옥황상제에게 물어봐 준다면 총각을 강 너머로 태워주겠다고 했다. 그렇게 네 가지 질문과 함께 총각은 옥황상제를 만났다.

첫 번째 총각의 의문인 가난에 대해서는 "모른다."가 답이었다. 두 번째 과부의 질문에는 "오늘 첫 번째로 만나는 남자가 배필이다."라고 답을 주었다. 세 번째 사과나무에 관해서는 "나무 아래에 금이 묻혀있어서 그렇다."라는 대답이 돌아왔다. 이무기의 의문은 쉽게 풀렸다. "여의주를 두 개 입에 물고 있어서 승천하지 못한다."라며 여의주 하나를 버리라는 것이었다. 자신의 질문에 대한 답은 듣지 못하고 돌아오는 길에 총각은 이무기에게서 남은 여의주 하나를 얻었다. 그리고 사과나무 아래에서 여러 개의 큰 금덩이를 캐낸 노인으로부터 금덩어리를 감사의 선물로 받았다. 과부와 처음 만난 남자는 당연히 자신이었으므로 총각은 과부와 결혼해서 아들딸 놓고 잘 살았다.

재미있는 이야기다. 우리는 흔히 포기하고 마는 인생을 많이 본다. 한탄만 하고는 도무지 답을 찾으려 하지 않는다. 총각이 행복해진 이유는 스스로 그 답을 찾으려 고민

했기 때문이다. 그리고 고민만 한 것이 아니라, 실천으로 옮겼다. 생각만 하고는 행동하지 않는 사람이 많다. 환경 탓만 하고 있으면 되는 일이 뭐가 있겠는가? 이렇게 본다면 행복해지는 길이 그리 어려운 것만은 아닌 것 같다.

하지만 옛이야기가 주는 교훈은 늘 그 뒤에 깊은 뜻이 있다. 바로 나눔과 배려에 있다. 총각은 자신의 답을 찾기 위해서 남을 매몰차게 외면한 것이 아니라 자신이 어려운 가운데 있었으면서도 남을 도우려 했다. 과부와 농부와 이무기를 도와주었다. 그 덕에 자신에게도 복이 왔다.

주위에 불평불만을 가진 사람이 제법 있다. 그런 사람들에게 옥황상제를 한 번 만나 볼 것을 권한다. 옥황상제를 어디서 만나냐고? 그건 나도 모른다. 다만 지금부터 도움이 필요한 사람이 주변에 있다면 한 번 힘껏 보탬이 되어 보시라. 세상 힘든 처지에 있는 나의 도움이 필요한 사람이라면, 더 밑질 것도 없지 않은가? 그러다가 보면 여의주도, 부귀도, 천생연분도 따라올지 누가 알겠는가?

삼 년 고개

 여든 중반에 접어드신 아버지에게 청천벽력 같은 소식이 날아들었다. 몸 안에 암 덩어리가 제멋대로 자라고 있다는 것이다. 다행히 많이 진행되지는 않아서 몇 시간의 수술로 덩어리를 제거하고 지금은 회복 중이시다. 해병대 출신임을 자랑으로 내세우시면서 건강만큼은 자신이 있다고 하셨는데 수술 후에는 기력이 약해지신 것 같아 마음이 씁쓸하다.
 옛날에 삼 년 고개라는 고개가 있었다. 높거나 험한 고개는 아니었지만, 이 고개를 넘다가 넘어지면 삼 년 밖에 살지 못한다는 전설이 있었다. 그래서 사람들은 그 고개를 넘어가기를 꺼렸다. 그래도 부득이하게 넘어갈 수밖에 없을 때는 엉금엉금 기어서 넘어갔다. 어느 날 오십을 갓 지난 한 남자가 그 길을 넘어가다가 잠시 딴눈을 판 사이에 돌부리에 걸려 그만 넘어지고 말았다. 그는 집으로 돌아와

그런 사실을 숨기고 평상시대로 살았다. 그런데 삼 년이 다 되어갈 무렵부터는 소화도 되지 않고 몸의 기력도 쇠해져서 몸져눕고 말았다. 의원을 불러 아무리 진맥해도 도무지 병명을 알 길이 없었다. 어느 날 어린 손자가 할아버지 병문안을 왔다가 할아버지에게 이유를 물었더니 삼 년 고개 이야기를 해 주었다. 이제 내일이면 삼 년이 되는 시간이라고 말하고는 손자에게 건강하게 자랄 것을 부탁했다. 그런데 이 말을 들은 손자는 "할아버지, 한 번 넘어지면 삼 년을 사니까 지금 또 그 고개에 가셔서 한 번 더 넘어지면 삼 년을 더 사시는 거 아니에요?"라고 자신의 의견을 전했다. 이 말을 들은 남자는 그 고개에 다시 올라가서 몇 번을 더 구르고는 오래 살았다.

이 이야기가 주는 교훈은 긍정적인 마음을 가지고 산다면 누구나 건강하게 오래 살 수 있다는 이야기다. 마음을 바꿔 먹으면 안 되는 일도 된다는 이야기다. 또한 손자의 단순한 생각이 할아버지를 살린다는 '효'에 관한 이야기이기도 하다.

하지만 늘 그렇듯 옛이야기가 주는 교훈은 다른 곳에 있다. 이 고개는 삼 년 고개다. 넘어지면 삼 년 밖에는 살지 못한다. 실제로 그런 고개는 없다. 넘어져서 삼 년 밖에 살지 못한다면 아무도 그런 고개로는 다니지 않을 것이다. 그런데 그 고개를 넘어야 하는 사람들이 있다. 아마도 먹고살기 위해 어쩔 수 없이 목숨 걸고 넘어간 사람들이 있었을 것이다. 지금도 마찬가지다. 하루하루 먹을 것, 입을 것, 머물 곳에 대해 걱정하는 사람들이 있다. 이런 사람들에게 그 고개는 삼 년 고개가 아니라 하루 고개일 수도 있다. 이 이야기는 그런 사람들에게 보내는 격려가 아니었을까? 누구나 살면서 힘든 일을 겪게 마련이다. 돌부리에 걸려 넘어지는 일은 옛날에는 흔한 일이었지 싶다. 그런 일에 낙담한다면 도대체 무엇을 할 수 있을까? 결국, 이 이야기는 여러 번 넘어지는 실패에 관한 이야기며 넘어지고 넘어지다 보면 똑바로 설 수 있다는 우리 삶의 이야기다.

  게다가 삼 년 고개를 넘어가지 않으면 고개 너머의 삶은 그만 없어지고 마는 것이다. 고개 넘어 무엇이 기다리고 있는지는 반드시 넘어봐야 알 수 있다.

  오늘은 아들 녀석과 아버지에게 가야겠다. 그래도 아버지가 손자를 보면 입가에 흐뭇한 미소를 지으신다. 또 좋아하시는 오리백숙이나 먹으면서 아버지의 백령도 군 생활 이야기와 그간에 실패했던 이야기를 들어야겠다. 그런 일들이 모여서 지금의 아버지가 계시니까.

파란 구슬, 빨간 구슬

나는 남색 계열의 바지를 즐겨 입는다. 완전 검지는 않고 검정에 가까운 검푸른색이 마음에 든다. 반면에 아내는 갖가지 구슬이 달린 붉은 색 계통의 옷을 좋아한다. 구슬이 반짝이면 마음도 즐거워지나 보다. 사람들은 저마다 좋아하는 색깔이 있다. 하지만 파란색과 빨간색을 두고 고르라고 한다면, 어떤 색을 골라야 할까?

옛날에 심술이 고약한 형과 마음씨 착한 가난한 아우가 살았다. 아우는 먹을 것이 없자 형을 찾아간다. 하지만 형은 매몰차게 동생을 내쫓아 버린다. 돌아오는 길에 수수 이삭 몇 개를 주운 동생은 얼른 집으로 돌아간다. 그런데 수수 이삭을 먹어버리면 사라지지만, 그걸로 수수떡을 만들어 팔면 돈도 벌고 남는 수수떡도 먹을 수 있다는 생각이 났다. 그래서 수수떡을 만들어서 시장으로 가던 그때 눈앞에 며칠을 굶은 노숙하고 있는 할머니를 발견했다. 아우는 그 떡을 모두 할머니에게 주어버렸다. 그랬더니 할머니가 산꼭대기에 가면 나무 아래 파란 구슬과 빨간 구슬이 있는데 파란 구슬을 가져오면 좋은 일이 있을 것이라고 말했다. 시키는 대로 했더니 과연 파란구슬을 굴릴 때마다 황소가 나와서 아우는 부자가 되었다. 그 소문을 들은 형도 똑같이 했다. 그런데 욕심 많은 형은 구슬 두 개를 다 가져왔고, 빨간 구슬을 굴렸더니 호랑이가 나와서 형을 잡아먹어 버렸다.

  흥부 이야기와 그 구성이 비슷하다. 하지만 흥부전에서는 형 놀부가 동생 흥부 덕분에 잘 살지만, 이 이야기에서는 형이 호랑이의 밥이 되고 말았다. 욕심을 부리면 망한다는 내용이다. 그러나 동생을 잘 살펴보면 동생이 잘 살 수 있었던 이유가 있다. 그가 드디어 경제활동을 시작했다는 것이다. 옛이야기에 나오는 주인공이 대부분 양반인 걸 고려하면, 이 동생도 틀림없이 양반이었을 것이다. 그런 그가 수수 이삭으로 수수떡을 만들어서 팔겠다고 마음을 먹는데, 이것은 양반 체면을 내려놓고 장사를 하겠다는 뜻이다. 거기다가 다 떨어진 갓을 쓰고 짚신을 신은 양반이 높은 산꼭대기로 올라가는 모습을 상상해 보시라. 먹고사는 문제 앞에 양반이라는 허울은 필요가 없는 것이다. 물론 그가 수수떡을 만들어서 가난한 백성을 구제했다는 데서 그의 심성을 알 수가 있지만, 시장 바닥에서 수수떡을 파는 양반이라니 당시로서는 파격적인 이야기다.

그런데 정작 중요한 이야기는 파란 구슬과 빨간 구슬에 있다. 인간은 누구나 욕심이 있다. 아무리 파란 구슬만 가지고 내려오라는 말을 들어도 빨간 구슬이 눈에 보이면 손대지 않을 사람이 있을까? 결국 형은 두 가지를 다 가지려다가 호랑이 밥이 되는 슬픈 운명을 맞는다. 우리는 모두 두 가지 다 가지고 올 것이 뻔하다. 나만 해도 그렇다. 아마도 빨간 구슬이 어떤 효과를 내는지 궁금해서 안 가지고 올 수 없었을 것이다. 그런 면에서 보면 욕심 많은 형이 우리의 전형과 너무 닮아있다.

사실 이 이야기를 적으면서도 오늘 주식이 어떻게 좀 올랐는지, 내렸는지 파란 숫자가 보이는지 빨간 숫자가 보이는지 가슴 졸인다. 두 가지 색을 다 가질 수는 없으니 그냥 빨간색이 우뚝 솟아준다면 좋겠는데, 어째 파란색이 더 자주 보이는 것 같다. 칼에 손을 베이면 빨간 피가 나는데, 손 등에 보이는 피는 파랗다. 그렇다면 파란색과 빨간색은 원래 한 가지 색깔이 아닐까. 아우가 빨간색의 구슬을 가지고 내려왔더라도 그가 이미 잘살아 보겠다는 마음을 먹었으므로 부자가 되었지 싶다. 세상 모든 일은 마음먹기에 달렸다.

죽기 살기 아니면 까무러치기

 '죽기 살기 아니면 까무러치기'라는 말이 있다. 궁지에 몰리면 죽기로 작정하고 덤빈다는 말이다. 그런데 까무러치기는 왠지 회피하는 말처럼 들린다. 관심 끄고 그냥 죽은 듯 있겠다는 표현이라서 세상일이 어떻게 돌아가든 말든 신경 쓰지 않겠다는 말로도 들린다. 토요일 오후에 별일이 없으면 소파에 죽치고 앉아 티브이 리모컨을 돌린다. 무료한 오후다.

 『청성잡기』 제3권에 호랑이와 백성에 관한 이야기가 있다.
 산골 백성이 산에 들어갔다가 호랑이를 만났는데, 재빠르게 높은 나무로 올라가서 피하자, 호랑이는 나무 아래 웅크리고 앉아 떠나지 않았다. 산골 백성은 호랑이의 습성이 겁을 주면 달아나는 것임을 평소 잘 알고 있었으므로 나뭇가지를 꺾어 아래로 던졌는데, 호랑이는 그때마다 그

것을 가져다가 깔고 앉았다. 백성은 곧 솜을 뽑아서 던졌는데 호랑이는 더욱 익숙한 솜씨로 그것을 가져다 깔고 앉았다. 이번엔 부싯돌을 쳐서 불을 내어 솜에 싸서 호랑이 앞에 던지자, 호랑이는 대번에 가져다가 깔고 앉고는 눈을 부릅뜨고 위로 노려보면서 땅 가득히 침을 흘리니 기어이 잡아먹고야 말겠다는 태세였다. 조금 있자 조그만 불꽃이 꽁무니에서 타올랐고 온몸에 바람이 일어 한순간에 타오르니, 호랑이는 기겁하고 눈도 못 뜬 채 뛰다가 언덕으로 굴러떨어졌다. 백성이 천천히 나무에서 내려와 계곡을 따라가 보니, 백 걸음도 안 되는 곳에 죽은 호랑이가 쓰러져 있었다. 백성은 놀라는 한편 웃으며 말하였다. "처음에는 놀라게 해서 쫓아 버려 죽음을 면하려고 하였는데, 그 불꽃이 호랑이를 죽게 할 줄은 생각지도 못하였다."

 '호랑이에게 물려가도 정신만 차리면 산다.'라는 속담에 꼭 알맞은 이야기이다. 배고픈 호랑이를 만난 나무꾼이 호랑이를 피해 나무 위로 올라갔다가 되려 호랑이를 잡은 이야기다. 나무꾼의 지혜가 돋보이기도 한다. 산골 백성이 산에 들어가는 일은 당연한 일이다. 그곳이 자신의 일터이기 때문이다. 호랑이에게도 자신의 삶터가 산골이다. 서로가 영역을 두고 다투기 마련이다. 산골 백성에게는 나무가 필요하고 호랑이에게는 먹을 것이 필요하다. 서로 할 일만

하면 되겠지만, 그 영역이 공교롭게도 겹치는 구간이 있다. 그런 곳에서는 갈등이 생기고 다툼이 일어난다. 잘못하다간 죽을 고비를 맞기도 한다.

이 이야기의 승자는 나무꾼이다. 나무꾼과 호랑이의 행동을 비교해 보면 왜 그렇게 될 수밖에 없었는지 쉽게 알 수 있다. 호랑이는 다 잡은 먹이라 생각하며 느긋하고 안일하게 대처한다. 나무꾼이 나무에서 내려올 때까지 아무런 행동도 취하지 않고 그저 내려올 때를 기다릴 뿐이다. 하지만 나무꾼은 다르다. 살기 위해서 온갖 방도를 생각하고 실천에 옮긴다. 누가 승자가 될지는 뻔하지 않은가? 죽기 살기로 마음먹고 덤비는 자는 절대로 이길 수가 없다. 그보다 더 무서운 것은 없다.

그런데, 죽기 살기로 매일 살아야 할 형편이라면, 혹은, 매일 까무러치기로 산다면 그것도 무서운 일이다. 지옥도 그런 지옥이 없지 싶다. 티브이 프로그램 〈동행〉을 보면 죽기 살기로 버티는 사람들이 종종 보이는데 그들에게는 관심이 최고의 버팀목이다. 도움을 주는 사람들의 손길을 보면, 늘 소파에다가 까무러치기를 전공으로 하는 나도 '아이고야!' 하면서 벌떡 일어나 앉을 때가 많다. 아내가 최고의 드라마라고 하는 이유를 알겠다.

내 다리 내놔!

'내 다리 내놔'라는 무시무시한 옛이야기가 있다.

옛날에 어느 산골에 병든 노모를 모시고 한 처녀가 살았다. 어느 날 지나가던 도사가 처녀에게 하는 말이 "장사 지낸 지 삼 일이 되지 않은 시체의 다리를 푹 고아 먹이면 병이 낫는다."라고 했다. 그래서 처녀가 밤에 산에 올라가 무덤을 파고 시체의 다리를 잘라 집으로 돌아오는데 시신이 계속 "내 다리 내놔!"라고 하면서 따라왔다. 집에 오자마자 끓는 물에 다리를 집어넣고는 기절했는데, 깨어나서 보니 산삼 뿌리였다. 그 물을 달여 마신 노모는 병이 다 나았고, 다시 그곳에 가보니 뿌리가 반이 잘린 백 년 묵은 산삼이 있어서 처녀와 노모는 그걸 팔아서 잘 살았다.

처녀의 효심이 노모도 구하고 집도 일으켰다는 효행담이다. 그런데 보름달이 훤한 달밤에 무덤을 파는 모습이나 시체의 다리를 자르는 모습을 상상해 보면 무시무시하다.

꼭 여우가 사람이 되기 위해서 무덤을 파헤치는 모습이 연상되기도 한다. 하여튼 노모의 병도 낫고 집안도 벌떡 일으켜 세웠으니, 산삼의 위력이 대단하다.

이야기 중간에 도사가 나온다. 과연 이 도사는 어떤 사람인지 궁금하다. 또 그런 명약 처방을 내리고 말없이 사라지는 도사라니, 신기할 따름이다. 우리의 할머니 할아버지들은 약방에 가거나 약 처방을 받기가 어려운 시절을 보냈다. 그러니 자연 주술적 힘에 의지하려고 했다. 그래서 이야기 속으로 불러온 사람이 바로 도사나 산신령이다. 어떤 이본에서는 도사나 산신령이 아니라 스님이 나타나기도 한다.

옛이야기가 전해주는 내용을 조금 더 세밀하게 들여다보면 많은 것을 얻을 수 있다. 우리는 이미 방법을 알고 있다는 것이다. 모든 어려운 일에 대한 처방이 사실은 존재한다. 병든 노모를 치유하는 방법도 알고 있고, 당장 눈앞에 닥친 위기를 헤쳐 나가는 방법도 알고 있다. 그러나 실천하지 않는 방법은 무용지물이다. 아마도 산삼이라면 어머니의 병이 치유된다는 사실을 처녀는 잘 알았지 싶다. 그러나 산삼이란 명약은 보통 사람의 눈에 띄지 않는 귀물이 아닌가. 도사가 나타나서 산삼이 치유법임을 한 번 더 알려 주었고, 처녀는 그 말을 믿음과 동시에 실천하는 용기를 내어서 산삼을 캐러 다녔다.

오밤중에 산속에 갈 수 있는 용기를 가진 사람이 몇이나 될까? 그것도 무덤을 열어서 시체의 다리를 잘라 와야 한다면 웬만한 담력으로는 해결이 안 되는 문제다. 처녀의 몸으로 그곳을 간다니 더더군다나 어려운 문제다. 하지만 처녀는 도사의 말을 확신했고, 산삼을 찾기 위해서 온 산을 헤집고 다녔다. 오밤중에 산삼을 찾아 무덤 사이를 헤매는 처녀의 용기가 대단하다.

　귀신이 '내 다리 내놔!' 하면서 쫓아올 정도로 어떤 일을 도모한다면 그 일은 반드시 이루어지는 법이다. 단, 한 가지 조건이 있다. 어떤 사람이나 어떤 일을 목숨을 내놓을 만큼 사랑해야 한다. 그런 정성이라면 귀신이 쉽게 다리를 내놓지 싶다.

빈대에게 배운다

유럽에 빈대가 출몰해서 관광객들이 비상이 걸렸다고 한다. 우리나라에는 고시원을 중심으로 빈대가 보인단다. 찜질방이나 쪽방촌에도 빈대들이 출현하는가 본데 한 번도 빈대를 본 적이 없는 내 몸이 저절로 근질근질하다.

옛이야기에 빈대 이야기가 있다. 산에 나무를 하러 간 아버지가 사라졌는데, 알고 보니 포악한 거인이 잡아간 것이었다. 산신령이 아들의 꿈에 나타나서 빈대 한 말, 벼룩 한 말, 바늘 한 말을 가지고 가면 거인을 퇴치할 수 있다고 했다. 아들은 산신령의 말을 듣고 거인의 집으로 가서 빈대로 거인을 간지럽히고 벼룩으로 거인을 괴롭히다가 바늘로 콕콕 찔러댔다. 견디다 못한 거인이 주문을 외우고는 아주 작아져서 가마솥에 들어갔고 아들이 솥뚜껑으로 막아 버렸다. 그 거인의 집에는 금은보화가 가득해서 나무꾼과 아들은 부자가 되었다.

효자 아들이 포악한 거인을 물리치고 부자가 되는 권선징악의 대표적 이야기다. 어떤 이본에는 어머니가 납치되어서 딸이 어머니를 구하기도 한다. 이 이야기의 주인공은 누구일까? 이야기의 주인공은 가장 많이 등장하는 사람이나 동물이다. 그런 면에서 보면 이야기의 주인공은 당연히 거인이다. 거인은 아무 죄도 없는 나무꾼을 잡아가거나 길 가는 여자를 납치한다. 그러므로 거인은 당대에 가장 힘이 있던 권력층이겠다. 그런 권력층에 대항하는 것들을 살펴보시라. 빈대와 벼룩과 바늘이다. 이 셋의 공통점은 피를 보게 하는 것이기도 하지만 매우 작다는 것이다. 약한 것을 괴롭히는 큰 것은 반드시 망한다. 거인은 자신보다 작은 나무꾼과 여자를 끌고 가서 괴롭혔다. 결국은 작은 것들이 들고 일어나서 최후의 일격을 가한다. 마지막 부분이 전달하는 내용은 충격적이다. 거인도 사실은 작은 사람이었다는 사실이다. 어떤 마술적 힘으로 커진 거인은 자신의 본모습을 잃고 거드름을 피우다가 종말을 맞았다.

 게다가 또 한 가지 놀라운 사실이 있다. 산신령이 나타나서 아들에게 빈대 한 말, 벼룩 한 말, 바늘 한 말을 구하라고 한 대목이다. 아무리 빈대가 많다고 해도 한 말이라니, 한 말은 한 되의 열 배가 아닌가. 대략 18리터 정도다. 거기에다가 빈대를 다 채우려면 수개월이 아니라 수년 혹은 수십 년이 걸리지 않았을까. 아들이 아버지를 구하기 위해서 딸이 어머니를 구하기 위해서 나선 세월이 그 정도라면 이미 거인은 죽은 목숨이다.

요즘 같으면 그렇게 나서서 병구완하는 아들이나 딸도 없지 싶다. 주변에 큰 건물이 지어지면 요양원이라는 이름을 다는 경우가 제법 있다. 결혼하기 전까지 수십 년을 빈대 붙어 피를 빨아먹고 살았는데, 내 몸이 좀 커졌다고 노치원 다니시는 부모님을 너무 편하게 생각지는 않았는지 모르겠다. 어머니의 혈관은 왜 좁아졌는지, 아버지의 위는 왜 그렇게 헐었는지, 빈대에게 배운다.

소가 된 게으름뱅이

 올림픽 게임이 한창이다. 메달을 따는 선수들이 대단하다. 수년에서 수십 년간 하나의 일에 집중한 결과다. 죽을 것 같은 고통을 느끼면서 하나의 목표를 향해 달려왔음이 틀림없다. 게으른 사람들은 절대로 따라갈 수 없는 경지다.
 옛이야기에 소가 된 게으름뱅이라는 이야기가 있다.
 어느 겨울날 아무 하는 일 없이 빈둥대는 아들을 본 어머니가 화가 나서 뭐든지 해 보라며 아들을 밖으로 쫓아냈다. 쫓겨난 아들이 골목을 어슬렁대다 보니 마침 소의 탈을 만드는 노인이 있었다. 아들이 그걸 한 번 써 봐도 되느냐고 묻자, 노인이 탈을 내밀었고 소가죽도 등에 얹어 주었다. 그러자 게으름뱅이는 즉시 소가 되었고, 노인은 우시장에 가서 그를 팔아버렸다. 다만 소를 산 농부에게 이 소에게 무를 먹이면 소가 죽으니 절대로 무를 주지 말라고 했다. 소가 된 게으름뱅이는 봄에는 내내 밭을 갈고, 여름에는 무거운 수레를 끌었다. 너무 힘든 생활이었다. 그렇게 가을이 되었다. 이렇게 살면 뭐 할 것인가, 하고는 차라리 죽을 마음으로 스스로 무밭으로 가서 무를 캐 먹었다. 그랬더니 이게 웬일인가, 다시 사람이 되었다. 그 후로 그는 부지런히 일해서 잘 살았다.

이 이야기가 주는 교훈은 사람은 부지런해야 한다는 것이다. 실제로 주변에 보면 게으른 사람들이 있다. 지각하는 사람은 늘 지각하고, 기일을 맞추지 못하는 사람은 늘 기일을 맞추지 못한다. 능력이 안 되어서 그런 경우도 있지만 대부분 개인적 성향 탓이지 싶다. 물론 게으르다고 해서 꼭 잘못되는 것만은 아니다. 자신에게 맞는 일을 찾는다면 느릿하게 일을 처리해도 일 잘한다는 소리를 들을 수도 있다. 그러나 성실한 사람들을 우리는 좋아한다.

옛이야기는 우리에게 더 속 깊은 교훈을 준다. 어머니가 아들을 쫓아내는 장면을 보라. 언제까지나 자식을 품에 안을 수 없다. 부모가 자식을 데리고 영원히 살 수는 없는 일이다. 어머니는 아들이 무엇이든지 하도록 기회를 준다. 두 번째는 게으름뱅이가 다시 사람이 되는 과정에 주목해야 한다. 게으름뱅이에게는 간절한 마음이 있었다. 죽을 마음이면 살아나는 것이다. 무를 먹으면 죽는다는 사실을 알았지만, 그는 죽는 일이 사는 일이라며 목숨 걸고 그 길을 택한다.

모든 일에 목숨을 걸 필요는 없다. 어떤 일은 게으르게 쉬엄쉬엄해도 된다. 그러나 어떤 일이 내가 죽을 만큼 힘든 일이라면 오히려 용기를 내어서 한번 도전해 볼 일이다. 죽는 일이 사는 일이고, 사는 일이 죽음을 각오해야 하는 일이라면 우리는 늘 아슬아슬한 삶을 살고 있는 건 아닌지 모르겠다. 그러나 분명한 것은 죽고 사는 일이 있다면, 목숨을 걸어야 한다. 악착같이 덤벼야 한다. 그래야 살아난다.

호랑이 눈썹

 자주 보는 프로그램이 〈자연인〉이다. 깊은 산중에 들어가서 혼자서 아무 걱정도 없이 살아간다고들 하지만 머리 큰 윤모 진행자와 헤어질 시간이 다가오면 슬퍼 보인다. 심지어 어떤 출연자는 눈물을 보이기도 한다. 그래도 행복하다면서 계속 산속에 있을 것이라고 한다. 가만히 보면 모두 개를 키우고 오리나 닭을 기른다. 어떤 집에는 말도 있다. 그만큼 외롭다는 뜻이다. 그런데 그 외로움이 세상에서 받은 상처에 비하면 아무것도 아니니, 차라리 외롭게 혼자 마음대로 살아가는 게 편하단다.
 호랑이 눈썹이라는 제목의 옛이야기가 있다.
 하는 일마다 되지 않는 결혼한 한 나무꾼이 있었다. 삶이 힘들었던 그는 이렇게 사는 것보다는 산에 가서 호랑이에게 물려 죽는 게 낫겠다고 생각해서 험한 산을 올랐다. 그때 눈앞에 나타난 호랑이가 자신은 사람은 먹지 않는다고 하면서 속 눈썹을 하나 뽑아주었다. 이 눈썹으로 사람을 보면 전생이 보인다는 말을 덧붙였다. 나무꾼은 즉시 집으로 돌아가서 눈썹으로 아내를 보니 아내가 전생에 암탉이었고 자신은 사람이라는 사실을 알게 되었다. 그런데 얼마 후 등짐장수 부부가 하룻밤을 묵어가게 됐는데, 두 사람을 살펴보니 남편의 전생은 수탉이었고 아내는 사람이었다. 그래서 나무꾼의 이야기를 듣고는 서로 짝을 바꾸어 살았더니 두 부부가 잘살았다.

 재밌지 않은가? 그런데 맞는 말이기도 하다. 서로 짝이 맞지 않는 부부는 같이 살기가 어렵다. 첫 줄이 모든 전후 사정을 말해준다. '하는 일마다 되지 않는 결혼한 한 나무꾼'에서 이야기꾼은 결혼 생활의 어려움을 말해준다. 그렇다고 무작정 "당신과 나는 맞지 않으니 서로 헤어집시다." 하고는 헤어질 일이 아니다. 게다가 당신은 당신과 어울리는 사람을 찾아가고 나는 나대로 좋은 사람을 찾을 거야, 하고 헤어진다면 이야기는 너무 밋밋하다. 그렇다면 이 이야기가 오랫동안 전해졌을 리도 없다.

 누차 하는 말이지만 옛이야기는 그 속에 숨은 뜻이 있다. 나무꾼을 자세히 들여다볼 일이다. 하는 일마다 되지 않았던 그가 마지막으로 선택한 일은 호랑이에게 물려 죽는 일이었다. 강에 몸을 던지거나, 다른 방법을 선택하면 쉽게 목적을 이룰 수 있다. 그런데 나무꾼은 무시무시한 호랑이를 선택했다. 실제로 우리는 두려워하는 일을 맡지도 않으며 두려워하는 곳에는 가지도 않는다. 고난이 닥쳐오면 극복하려고 도전하다가도 몇 번 실패하면 그만두어 버리기 일쑤다. 나무꾼은 여러 가지 어려움을 겪었으며 그 어려움이 호랑이에게 잡아먹히는 만큼이나 힘든 것이었다. 그러므로 호랑이를 만나는 일을 두려워하지 않았다. 만약에 그가 호랑이 굴로 찾아가지 않고 다른 쉬운 길을 선택했더라면 계속 힘들게 살았거나, 벌써 저세상 사람이 되었을 것이다. 호랑이가 아무에게나 그냥 눈썹을 뽑아주었을 리가 없다. (실제로 호랑이에게는 수염처럼 몇 가닥의 눈썹이 있다. 자세히 보아야 보인다.)

언젠가 존경하는 교수님이 말씀하셨다. 당신은 나중에 귀농해서 아내와 함께 자연인처럼 살고 싶다고. 그러자 아내 되시는 분이 "벌레만 없다면 나도 그러고 싶어요."라고 하셨단다. 아마도 교수님의 꿈은 이루어지기가 어렵겠다. 벌레 때문이 아니라 함께 하겠다는 두 분의 마음 때문에 결국엔 사모님의 말씀을 따를 테니까. 그런 면에서 보자면 나도 자연인이 되기는 글렀다. 오해하지 마시라. 우리 부부의 마음이 잘 맞는 것이 아니라, 내가 벌레를 싫어하니까 그렇다.

물을 문(問)에게 묻다

 주변에 헛소리를 잘하는 친구가 있다. 가만히 들어보면 쓸데없는 말 같지만, 속에 뼈가 들어있을 때가 많다. 요즘처럼 물가(物價)가 천정부지로 올라 먹고 살기가 어렵다고 하면 "물가는 위험해요, 되도록 가지 않는 것이 좋아요."라고 한다든지, "저런 사람은 법이 없어도 살겠다"라고 하면 "저런 사람 말고 그런 사람을 위해서 법이 필요하죠."라고 응수한다. 항상 그런 것만 생각하는 친구처럼 보이는데, 그의 생활이 늘 분주하고 긍정적이어서 좋다.
 우리 구전 설화에 태조 이성계에 관한 옛이야기가 있다.
 이성계가 장군이었을 때 길을 가다가 점쟁이를 만났다. 이 점쟁이는 글자로 점을 치는데, 이성계에게 글자를 하나 고르라고 했다. 이성계가 고른 글자는 '물을 문(問)'이었다. 그러자 점쟁이가 큰절하면서 앞으로 왕이 되실 분이라고 했다. 물을 문(問)자를 자세히 보면 임금 군(君)자가 두 개나 들어간 좌군우군(左君右君)으로 풀이된다. 사람을 알아보는 점쟁이였다. 그걸 지켜본 거지가 자신은 어떤지 점을 봐달라고 했다. 그러면서 일부러 '물을 문(問)'자를 골랐다. 그러자 점쟁이는 당신은 평생 거지로 살 형편이라고 했다. 대문(門) 앞에 입(口)이 닿아 있으니 빌어먹을 수밖에 없다는 것이었다.

글자를 가지고 사람의 미래를 점치는 일이라니, 참으로 재미있는 이야기다. 구전되어서 내려오는 이야기니만큼 이 이야기가 왕이 된 조선의 태조 이성계를 칭송하기 위해서 만들어지지는 않았는지 의심스럽다. 한자(漢字)는 뜻글자이니 그 글자를 풀이해서 다른 뜻을 만들어 내는 언어유희를 즐기는 옛 선비들이 보이기도 한다. 거지의 입이 대문에 닿아 있다는 뜻풀이를 하니 그들의 말놀이가 꽤 즐겁다. 임금이 되기 전이라도 장군 주변에는 사람들이 많았을 터, 무리가 와서 점쟁이에게 물었을 것이 뻔한 일이다. 누구라도 당장에 왕이 되고픈 한 남자의 관상을 이해했지 싶다. 그뿐만 아니라 거지가 그 글자를 집어 들었을 때는 몰골과 형편으로 보아 그렇게 답을 하지 않았을까.

하지만 언제나 옛이야기는 자세한 속뜻을 살펴야 한다. 이 이야기가 하고 싶은 말은 점괘와 관계없이 누구든 자신의 삶은 스스로 개척하기에 따라 달라진다는 말이다. 같은 글자를 가지고도 누구는 왕이 되기도 하고 또 누구는 거지가 되기도 하니 달리 설명이 필요 없다. 주어진 환경이 같아도 다른 삶을 살아가는 사람들을 많이 본다.

다른 이야기지만 자주 회자하는 이야기가 있다. 술주정뱅이 아버지 아래에 두 아들이 있었다. 나중에 큰아들은 술주정뱅이가 되었고, 둘째 아들은 정신과 의사가 되었다. 큰아들은 아버지를 보면서 배운 것이 술 먹는 일밖에 없어서 그렇게 되었다, 둘째 아들은 도대체 술이 무엇이길래 사람을 저렇게 만드나, 왜 저러지, 하고 고민하다가 알코올 중독 치료 의사가 되었다는 이야기다. 결국은 마음먹기에 따라서 인생이 달라진다는 말이다.

그의 언어유희 헛소리로 인해서 직장의 분위기가 좋다. 나도 말을 좀 재밌게 하면 좋겠지만 그런 재주는 없다. 어른들이 나이가 들면 말은 줄이고 지갑을 열라고 했다. 지갑이 텅 빌 때가 많아서 지갑 열기가 부끄럽다면 마음이라도 좀 열어 보일 일이다. 문(門)을 닫고 있으면 다가가기 어려워도 마음을 활짝 열고 입(口)을 벌려 속마음을 보여 준다면 주변에 사람이 많지 싶다.

내가 누군지 알아?

 요즘은 많이 사라졌지만, 예전에는 "내가 누군지 알아?"라는 말을 흔히 들을 수 있었다. 특히 음주 운전에 단속된 술꾼들이 경찰서나 파출소에서 자주 하는 말이었다. 영화배우 '최민식'이 경찰서에 잡혀가서 큰소리치며 형사들을 호통치는 영화장면이 여러 개그 프로그램에 패러디되기도 했다.

 옛이야기에 자주 등장하는 조삼난(趙三難)이라는 사람이 있다. 성은 '조'가고 이름은 '삼난(三難)'이다. 삼난이라는 이름처럼 세 가지 어려움에 관한 이야기다. 그는 명문가 자제였으나 몰락한 양반의 처지라서 서른이 넘도록 장가를 가지 못했다. 보다 못한 형이 돈을 빌려 삼난과 인근 처녀를 부부가 되게 맺어 주었다. 새신부가 와 보니 집이 워낙 어려워 쌀 한 톨도 없었다. 새신부가 한숨을 쉬자, 삼난은 새신부와 함께 집을 나섰다. 그리고 자신을 알아보지 못하는 곳으로 가서 주막을 열었는데, 삼난은 행상들이 타고 온 말을 먹이고 새신부는 주모가 되어서 술을 팔았다. 오 년이 지나 걸인이 된 형이 혹시나 동생을 만날까 하고 전국을 돌아다니다가 어느 객주에 들렀는데, 가만 보니 술을 따르는 미녀가 제수씨였다. 동생은 분주하게 밥상을 나르고 손님을 접대하고 있었다. 삼난은 걸인의 행색을 한 형에게 국밥을 날라주고 술도 내왔다. 그러고는 형님에게 밥값을 계산하게 했다. 이에 형님은 돈이 없어 다 떨어진 부채와 닳은 수건으로 값을 치렀다. 그로부터 다시 오 년이 지났다. 동생의 수치스러운 장사와 그의 패악함을 한탄하며 지내던 형 앞에 삼난이 나타났다. 인근에 오 십간의 기와집과 많은 땅을 형님 앞으로 해 놓았으니 와서 지내라는 것이었다. 어안이 벙벙한 형님은 동생 덕으로 잘 살았다. 하지만 형님은 삼난이 술장사한 사실을 부끄럽게 여겼다. 이에 삼난은 절에 들어가서 글공부를 다시 하여 과거에 급제하고 제학의 자리에까지 올랐다.

 삼난(三難)은 세 가지 어려움이라는 말이다. 조삼난은 비록 몰락하였다고는 하나 명문가의 자제였다. 그런 양반이 국밥을 나르고 그의 아내는 술 시중을 들었으므로 체면이 말이 아니었을 것이다. 그것이 첫 번째 어려움이었다. 부모들은 자식이 소위 명문대학에 입학하면 다들 세간에서 부러워하는 직장에 들어가거나 권력이 있는 곳에서 일할 것으로 생각한다. 하지만 그렇지 않은 것이 현실이다. 서울대 출신이 9급 공무원을 한다고 하면 주위에서 쳐다보는 눈이 예사롭지 않다는 신문 기사를 읽은 적이 있다. 그들에게 거는 기대가 컸다는 말이다. 오늘날에도 그런데 과거에는 어땠을지 자명하다.

두 번째 어려움은 자신과 피를 나누고 심지어 장가까지 들여준 형님에게서 돈을 받은 일이다. 겉보기에도 사는 형편이 어려워 보였던 형에게 한 끼 밥을 대접하지는 못할망정 가지고 있던 부채와 수건을 밥값으로 받았다니, 보통 사람으로서는 쉽지 않은 일이다. 과연 우리 중에 누가 형이나 누이에게 밥값을 내라 하겠는가.

세 번째 어려움은 조삼난이 공부를 해서 과거급제를 한 일이다. 이미 돈이 많고 세상 부러울 일이 없는 조삼난이 절에 가서 공부한 것은 시사하는 바가 크다. 물론 요즘이야 평생교육이다, 교양강좌다 해서 구청이나 도서관 또는 대학에서 인문학 교실과 같은 것들을 개설하기도 한다. 그러나 평안한 일상생활을 포기하고 오로지 공부에만 몰두하는 사람은 없다. 사실 돈이 있다면 즐길 거리가 무한대로 있으며 황제급 대우를 받으며 행세를 할 수 있는 곳이 한두 곳이 아니지 않은가?

그러므로 정작 가난은 어려운 일도 아니다. 가장 어려운 일은 마음을 먹는 일이다. 대부분은 처량한 신세를 한탄하며 주변 환경이나 자신에게 불리한 구조를 탓하기가 쉽다. 형만 보더라도 그렇다. 그는 끝내 동생의 술장사를 부끄러워한다. 그 덕에 살고 있으면서도 말이다. 뿐인가? 자신은 그렇게 하지 못하면서 동생에게 공부할 것을 종용한다. 이 이야기를 읽고 나서 "음, 그렇군. 마음만 잘 먹으면 자신뿐만 아니라 몰락한 집안을 일으켜 세울 수 있군!"이라고 이해한다면 다행이겠다. 진짜로 마음을 바꿔 먹는다면 조삼난과 같은 인생 역전을 이룰 수도 있다. 조삼난은 후세에게 너무나도 좋은 교훈을 전해주지만 정작 우리는 체면을 구길까 봐 감히 넘어서지 못하는 경계가 많다. 경계를 넘어서면 내가 누군지 밝히지 않아도, 나를 알아봐 줄 사람이 많을 것 같다.

호떡 반 개

아내와 시장에 가면 씨앗 호떡을 한 번씩 사 먹는다. 제법 긴 줄이지만 기다릴 만하다. 설탕과 해바라기 씨앗을 얇은 밀가루 반죽에 넣어 마가린에 튀겨낸 별미다. 한입 베어 먹었더니 신세계를 경험한 듯 순간 기분이 좋아진다. 종이컵 안으로 베어 문 가장자리에서 꿀물이 흐른다. 참 달콤하고 맛있다.

옛날 한 바보가 길을 가던 중에 배가 고팠다. 마침 눈앞에 호떡을 파는 노점이 있어서 호떡 여섯 개를 사 먹었다. 그런데도 전혀 배가 부르지 않았다. 그 바보는 "에이, 여섯 개나 먹어도 배가 부르지 않는 거야!"하고는 계속 길을 갔다. 조금 가다 보니까 또 호떡집이 나왔다. 그래서 호떡 한 개를 주문하고는 반 개를 베어 먹었다. 그런데 신기하게도 배가 부른 것이었다. 그때 바보는 "앞의 집에 호떡을 괜히 사 먹었어, 이 집 호떡은 반 개만 먹어도 배가 부른 걸!" 하고는 한탄했다.

　이 이야기를 들으면 누구나가 하는 말이 있다. "진짜 바보네, 제가 앞에서 여섯 개를 먹었기 때문에 나중에 반 개만 먹어도 배를 부른 걸 모르는 거야!"라며 껄껄 웃을 것이다. 맞는 말이다. 앞에서 먹은 것이 있으므로 뒤에는 조금만 먹어도 배가 부른 것이다.

　하지만 그의 바보짓에서 얻는 교훈이 몇 가지 있다. 첫 번째 멍청한 짓은 배부르기 위해 호떡을 먹은 것이다. 호떡이란 흔히들 배부르기 위해 먹는 것이 아니라 식후에 간식이나 별미로 먹는 것이다. 허기져 배가 고프다면 충분한 식사가 될 밥이나 면을 골랐어야 했다. 보기 좋고 맛 좋은 것만 먹으려 한다면 배부르기가 어렵다. 일도 마찬가지가 아닐까? 준비가 되지 않았는데 편하고 쉬우며 돈을 많이 버는 일만 고집한다면 제대로 된 직장을 잡기가 어렵다.

　또, 바보가 모르는 것은 앞서서 제가 먹은 것은 잊어버린 일이다. 모든 일이 그렇다. 미리 경험한 것이 없다면 첫술에 배부를 일은 없다. 아무리 크게 한술 뜬다고 하더라도 우리의 입이 그것을 삼킬 만큼 크지 않다면 소용없는 일이다. 그러므로 성공하고자 한다면 그에 앞서 많은 준비와 경험이 필요하다.

　그런데 이야기가 전해주는 진짜 의미는 따로 있다. 바보가 그래도 마지막 호떡 반 개를 먹은 일이다. 그것이 그를 배부르게 했다. 대부분 사람은 어떤 일을 하다가 잘 안되면 그만두기 일쑤다. 물론 초장에 자신과 맞지 않는 일이라면 그만두고 자신에게 맞는 일을 찾는 것은 괜찮다. 하지만 호떡을 여섯 개나 먹고 이제 반 개만 더 먹으면 배가 부를 텐데 마지막 문턱을 넘지 못하는 이들이 주변에 많다. 참 안타까운 일이다.

아들 녀석이 군대에서 제대하더니 복학하지 않겠단다. 제가 마음에 품은 학교와 전공하고 싶은 공부가 있다고 한다. 내내 호떡만 먹으라고 강요해서 아들은 호떡만 먹다가 어느 날 만두가 맛있는 걸 알았나 보다. 제 인생을 스물네 시간으로 나누면 이제 새벽 여섯 시에 사는 셈이다. 지금까지 먹어왔던 호떡을 그만 먹고 이제 제 입에 맞는 음식을 먹기 시작했다. 남들보다 늦은 식사를 시작했으니 배부르기까지는 시간이 제법 걸릴 일이다. 그래도 제 입맛에 맞고, 먹어서 행복한 음식을 찾았다니 다행이다.

그러고 보면 나도 호떡으로 배부르려고 했던 시절이 있었다. 대학 졸업 후 대기업에 들어가서 단맛을 봐 버린 터였다. 더 달콤한 먹거리가 있을 것이라며 호떡을 겨우 한 입 베어 물고는 회사를 그만두었다. 이후에 내가 먹은 것들은 그때의 호떡만큼 맛있는 건 없었다. 너무 튀겨 타 버렸거나 식어서 뭉쳐진 설탕 덩어리와 같은 것들이었다. 그래도 그런 것들이 쌓여 지금의 내 배를 부르게 하니 다행이다. 쌉쌀한 맛을 알고 있으니 호떡 맛이 한층 더 달다.

 아내가 천 원짜리 몇 장을 더 꺼내며 아이들 것까지 포장해 가자고 한다. 간식으로 먹는 최고의 먹거리다.

금도끼로 나무를 자르는 일

얼마 전에 금값이 올랐다는 소식에 집에 있는 금을 모조리 모아서 내다 팔았다. 모조리라고 하니 몇백만 원은 넘어갈 것 같지만, 사실은 구제금융 시기에 대부분 팔아버렸으므로 남은 금이라고 해 봐야 얼마 되지 않았다. 그래도 금을 판 돈으로 근사한 저녁과 작은 아이 학원비는 낼 수 있어서 다행이었다.

우리가 잘 아는 옛이야기에 금도끼 은도끼 설화가 있다.

홀어머니를 모시고 살던 나무꾼이 어느 날 나무를 하다가 그만 도끼를 연못 속에 빠뜨리고 말았다. 도끼를 잃어버린 나무꾼이 울면서 슬퍼하자, 산신령이 연못을 가르고 나와 금도끼와 은도끼를 보여주었다. 나무꾼은 금도끼와 은도끼는 자신의 도끼가 아니라 쇠도끼가 자신의 도끼라고 말한다. 그러자 정직한 나무꾼에게 산신령은 금도끼와 은도끼 그리고 쇠도끼를 모두 주었고, 나무꾼은 부자가 되어 잘 살았다.

 이 이야기를 듣고 자란 우리는 '정직하면 된다.'라는 교훈을 배웠다. 정직하기만 하면 누구나 금과 은을 얻을 수 있는 일이라니, 그처럼 쉬운 일도 없어 보인다. 하지만 정작 살아보면 정직하기가 얼마나 어려운 일인지 알 수 있다. 지금도 우리는 가식적인 겉모습을 보이면서 살아가고 있는지도 모른다. 한집의 가장으로, 직업을 가진 사회인으로서 당당하게 살아가는 것 같지만 수많은 유혹에 흔들리는 가운데 있다.

 당시에도 금과 은은 귀한 물건이었는가 보다. 실제로 옛이야기를 읽다 보면 금이 나오는 이야기가 많다. 도깨비방망이도 한몫하는데, 자세히 보면 그런 금이나 도깨비방망이를 전해주는 이는 모두 신인(神人)이다. 신선이거나 도깨비거나 심지어는 호랑이가 그 역할을 하기도 한다. 백성들이 임금이나 관리들이 주지 못한 의식주를 상상 속에서 기대했던 것이었다.

 나무꾼의 처지에서 보면 당장에 금도끼를 얻어 부자가 될 수 있었지만, 그의 쇠도끼는 자신에게 꼭 필요한 물건이었다. 그는 먼 미래를 생각하고 있었다. 금도끼나 은도끼는 장식품은 되겠지만, 나무하는 데는 적합하지 않은 물건이 아닌가. 금도끼로 나무를 찍어내는 어리석은 사람은 없을 것이다. 그러므로, 그가 자신의 직업을 천직으로 여겼음을 알 수 있다.

 한 가지 더, 나무꾼의 경외심을 알 수 있다. 연못 속에서 연못을 가르고 나오는 흰 수염을 가진 이라면, 산신령 말고는 또 누가 있겠는가. 나무꾼은 아마도 산신령 이야기를 들으면서 자랐을 것이고, 자연이라는 거대한 우주를 존경한 이가 틀림없다. 결국, 그를 부자로 만들어 준 것은 그의 진심이기도 하지만, 자연에 대한 깊은 두려움이었다. 나무꾼으로 먹고살게 해 준 자연에 대한 고마움이 그를 정직하게 만들었다. 뻔히 내 속을 다 아는 사람에게 눈앞의 이득을 위해 거짓말을 하다가는 오히려 낭패를 볼 수도 있다는 것을 나무꾼은 너무나도 잘 알고 있었다.

 최근에 금값이 올라서 사실 속이 좀 쓰리다. 지금 내다 팔면 더 많은 돈을 받을 수 있을 텐데 그러지 못해서 마음 한쪽이 쓸쓸해지기도 한다. 그래도 그날 저녁에 가족이 즐겁게 밥을 먹으면서 이 금은 언젠가 아빠가 엄마에게 준 생일 선물이었고, 이 금은 외할머니 남겨주신 유품이었다는 얘기로 추억을 떠올렸던 행복한 저녁이었다. 그런 저녁은 금으로는 바꿀 수 없다. 그러고 보면 금보다도 더 좋은 것들이 무궁무진하다.

2부
아이구, 형님!

시 땜장이

하루 시간이 나서 집에 있었더니, 아내가 청소기를 고쳐 오라고 한다. 언젠가 집 앞 가전 전문점에서 산 것이었는데, 소리가 너무 시끄럽게 난단다. 서비스센터를 검색하고 달려갔더니 애초부터 잘못 걸렸다며, 서비스 기간이 지나서 얼마간의 돈을 내라고 한다. 그리고 지금은 부품이 없으니, 수리가 되면 며칠 후에 전화를 준단다.

『고운당 필기』에 다음의 이야기가 전한다.

작고한 벗 이무관(李懋官 이덕무)은 참으로 한 시대 시단의 종장이었고, 나 역시 가당찮게도 허명이 나서 처음 배우는 후배들이 시를 가지고 와서 고쳐 주기를 청하는 경우가 상당히 많았다. 하루는 무관이 붓을 던지고 크게 한숨을 쉬고는 나에게 말하였다.

"서울에 있는 온갖 물건들은 모두 깨진 것을 보수해 주는 장인이 있네. 깨진 소반, 깨진 솥, 찢어진 신발, 찢어진 망건을 잘 고쳐 주면 먹고살 수가 있지. 나와 그대는 늙은 데다 연전도 이미 황폐해졌네. 어찌 가만히 앉아 굶어 죽을 수 있겠는가. 붓 한 자루, 먹 한 덩이를 가지고 함께 필운대나 삼청동 어름을 다니면서 큰 소리로 '깨진 시 때워!'라고 하면 어찌 술 한 사발과 고기 한 접시를 얻지 못하겠는가." 우리는 서로 크게 웃었다. 근래 서 학사 서영보와 이야기를 나누다가 우연히 이 일을 말했더니 크게 포복절도하고는 마침내 나를 '시 땜장이'라 불렀다.

이덕무와 유득공의 대화가 참 즐겁다. 모든 물건을 고쳐주면 먹고사는 방법이 있는데, 우린 시를 잘 고치니 필운대나 삼청동을 돌아다니면서 깨진 시를 때워주고 술과 고기나 얻어먹자고 한다. 지금으로 치자면 '시 창작 전문 강사'가 되어 보자는 이야기다. 시에 관한 자신감이 없다면 할 수 없는 대화다. 필운대는 오성과 한음으로 유명한 오성 이항복의 소유였는데 필운(弼雲)은 오성 이항복이 즐겨 썼던 또 다른 호였다. 그리고 삼청동(三淸洞)은 산(山淸)과 물(水淸)과 사람(人淸) 세 가지가 맑은 곳이라고 하여 삼청동이라고 한다는 유래가 있다.

둘의 시의 경지가 남달랐음은 서두에서 알 수 있다. "이덕무는 한 시대 시단의 종장이었고, 나 역시도 가당찮게

허명이 나서"라고 하는 부분에서는 이덕무를 치켜올려 세우며 자신은 가짜로 유명하게 되었다고 낮춘다. 두 시인이 시 땜장이가 되어서 필운대와 삼청동을 돌아다니며 "시 때워요, 시 때워."라고 하는 장면을 상상만 해도 한 편의 시 같다.

요즘은 그야말로 시인의 시대라고 할 만큼 많은 시인이 나날이 탄생한다. 월간지나 계간지를 통해서 등단하는 시인들이 그득한 시대다. 이때 만약 두 시인이 "시 때워"라고 소리치면 두 분이 술과 고기뿐만 아니라 한 재산 두둑이 챙기셨을 텐데 아쉽다.

정조 임금 13년 식년시 문과에 장원한 학사 서영보가 유득공을 '시 땜장이'라고 불렀다고 하니, 그가 틀림없는 우리 역사 최초의 '시 땜장이'라는 사실은 부인할 수 없다.

며칠 후에 청소기 수리가 끝났다는 말을 듣고 가지러 갔더니 정말로 소리가 절반으로 줄어있었다. 아내와 내가 백 퍼센트 만족했음은 말할 것도 없다. '장이'라는 전문가의 손길이 거치니 거짓말처럼 수리가 말끔하게 되었다.

우리는 누구 덕에 사는가?

어떤 일이 잘되면 서로가 자신의 공이라고 공치사하는 경우를 자주 본다. "다 내 덕이야." 라고 하는데 맞는 때도 있고 그렇지 않은 때도 있다.

『간옹우묵』에 한 이야기가 있다. 의원과 스님과 무당이 사람들과 함께 강을 건너가는 배를 탔다. 그런데 바람이 심하게 불어 배가 뒤집히게 생겼다. 그러자 스님은 염주를 굴리며 "나무아미타불"을 외쳤고, 무당은 자신이 모시는 신께 빌었으며, 의원은 "이중탕(理中湯)"을 큰 소리로 외쳤다. 얼마 후에 바람이 잠잠해졌고, 사람들은 강을 무사히 건너게 되었다. 그러자 스님은 자신이 부처님께 기도했기 때문에 무사히 건널 수 있게 되었다고 했으며, 무당은 자신이 모시는 신의 보살핌 덕택이라고 했다. 의원은 배(腹)가 아플 때 쓰는 특효약인 이중탕을 처방했기 때문에 배(船)가 뒤집히지 않았다고 말했다. 서로가 자신들의 기도 때문이라며 말했을 때 나루터 관리인은 무당과 스님의 말보다는 의원이 말이 옳다며 술을 대접했다.

실제로 이런 일이 일어나는 경우는 거의 없다. 의원과 스님과 무당이 함께 배를 탈 일이 있었을까마는 이야기꾼은 재미를 위해서 '누군가의 소원을 들어주고 아픈 사람을 고치는' 세 사람을 이야기에 집어넣었다. 스님이나 무당은 병든 영혼을 치료하고 의원은 병의 원인을 찾아 직접적인 치료를 하니 당연히 의원의 손을 들어주는 것이 맞겠다. 환자에게 특효약은 기도가 아니라 치료가 우선이라는 의식이 깔린 셈이다.

그런데 옛이야기는 더 많은 것을 우리에게 알려준다. 세 사람이 각자의 위치에 걸맞게 기도하고 주문을 외쳤지만, 정작 배가 가라앉지 않은 것은 말없이 배의 균형을 맞추며 노를 저은 뱃사공의 노력이 있었기 때문이다. 그런데 이야기에는 뱃사공은 아예 등장도 하지 않는다. 우리는 어떤 일이 잘되기를 바라면서 노력은 하지 않고 기도만 할 때가 많다. 아프다면 병원에 가서 치료받은 후에 빨리 낫기를 기도해야 하고, 어떤 일을 벌였으면 그 일이 잘되도록 최선을 다한 다음에 기도해야 먹힌다. 그런데 전혀 노력은 하지 않고 어떤 일이 이루어지기를 바라는 것은 터무니없는 일이 아닌가.

 또 한 가지 배가 가라앉지 않은 원인은 바람이 잠잠해졌기 때문이다. 이것은 자연의 힘이다. 사람이 아무리 잘 나고, 아무리 기도를 열심히 하더라도 자연의 힘을 거스를 수는 없다.

 물론 나도 우리 학교 아이들이 수능을 잘 치면 좋겠다. 하지만 무턱대고 성적이 잘 나오기를 기대하지는 않는다. 지금까지 해 온 대로 최선을 다해 시험을 치르고, 최상의 컨디션을 유지해서 좋은 기분으로 시험을 치르기를 바란다. 그래서 자신이 기대하는 만큼의 성적이 나오면 더할 나위 없겠다. 나중에 좋지 못한 성적이 나오면 아이들이 선생 탓을 하고 잘 나오면 자신의 노력 덕택이라고 한다면, 이 글을 보여줄 일이다. 그러면 더 이상 왈가왈부할 일이 없겠다.

공들이다

아들 녀석이 달라졌다. 군 복무를 마친 후 복학은 하지 않고 수능 공부를 다시 해서 다른 과를 지원하겠다고 선언했다. 애초부터 자신이 원했던 분야의 공부를 한 것은 아니었지만 2년이나 다닌 학교를 그만두겠다니 아내와 나에게는 청천벽력과도 같은 소리였다. 공부가 마음먹은 대로 되는 것이 아니지 않은가? 그래도 그길로 학원으로 독서실로 새벽 동틀 무렵에 나가 밤 별을 보고 돌아오는 녀석의 모습이 옛날 한 무사를 떠 올리게 한다.

『청구야담』에 어떤 무사 이야기가 있다.

이 젊은이는 무술을 잘하여 병조판서의 눈에 들었고 그의 말단 호위무사가 되었다. 병조판서는 젊은이에게 앞으로 이십 년을 잘 보필하면 고을 원님 자리를 주겠노라 약속했다. 그의 말을 철석같이 믿었던 젊은이는 온갖 궂은일을 도맡아 했다. 심복이 되어서 비밀스러운 일도 처리하고 지저분한 일도 소리 없이 마무리했다. 그런 세월이 이십 년이 지났다. 그 사이에 병조판서는 정승이 되었고 그의 아들들은 승승장구하여 높은 관직에 올랐다. 하지만 그는 여전히 미천한 신분이었고 더군다나 정승이 중병에 걸려 버렸다. 말도 하지 못했다. 아들들은 마흔이 넘은 그에게 아버지의 병간호를 맡기고는 모두 자러 가버렸다. 겨우 의식만 있는 정승의 대소변을 받아내던 그는 자신의 신세가 너무 처량하였다. 지금까지 버텨온 것이 오직 벼슬자리 하나 얻는 희망이었는데 정승이 죽으면 모든 일이 다 수포가 될 것이었다. 지난 일들을 회상하니 하도 억울하여 정승의 가슴팍에 올라서 그를 죽이려 하였다. 그래도 차마 죽이지는 못하고 그에게 하소연하였다. 하지만 정승은 불한당으로 변한 그를 괘씸히 여겼다. 다음 날 아침 세 아들이 들어오자, 정승은 가슴을 치며 무사를 가리키는 손짓을 여러 번 하고는 죽었다. 아들들은 정승의 몸동작을 보고는 아버지가 무사를 너무 사랑한다고 생각하여 걱정하지 마시라, 우리가 알아서 좋은 자리를 주겠다라며 정승을 위로했다.

나중에 그 무사가 고을의 원님이 된 것은 말할 필요도 없다. 비록 목적이 다른 데에 있었지만, 오직 한 사람에게만 이십 년 동안 공을 들인 시골 무사는 그가 바라던 결과를 얻었다. 누구든지 이십 년을 어느 분야에 몰두한다면 그 분야의 대가가 될 수 있겠다. 이일 저일을 옮겨가면서 하다가는 익숙해질 만하면 또 새롭게 시작해야 한다. 여간 어려운 일이 아니지 않은가.

'공들이다' 할 때의 공功은 어떤 일을 잘하는 '장인'을 나타내는 공工자와 힘력力가 붙어서 된 말이다. 장인 공工자의 공은 땅을 다지는 도구에서 비롯된 말이다. 그러므로 도구에 힘을 가하는 일이 '공들이는 일'이다. 그런데 인생을 살아 보면 알겠지만 힘쓰는 일이 어디 보통 일인가? 힘을 쓰고 나면 기진맥진한다. 참으로 고단한 일이다.

아들이 앞으로 공들여야 할 날들이 무한히 길어 보인다. 하지만 의학이 발전해서 지금 세대들은 백세시대를 산다고 하니 아이가 밤낮으로 '공들이는' 공부가 긴 인생에서 보자면 헛된 일은 아닐 것이라 믿는다.

그때로 돌아간다면

 살다 보면 옛날로 돌아가고 싶다는 생각이 들 때가 있다. 아, 그때 거기에 갔더라면, 혹은 그 기회를 놓치지 말았어야 했는데, 하는 생각이 든다. 혹자는 공부를 열심히 할 텐데, 라고 하는 사람이 있는 반면에 그때로 돌아가면 실컷 놀 테다, 라고 손사래를 치는 사람도 있다. 하지만 가만 생각해 보면 지금의 선택도 크게 틀리지는 않았다. 다만 지나온 일이고, 돌이킬 수 없는 선택이어서 하지 못한 그것들이 단지 좋아 보일 뿐이다.
 나는 대기업에 다닌 적이 있다. 지금도 가끔 그 시절의 꿈을 꾸기도 한다. 어떨 때는 복직이 되어서 옛 동료들과 같이 일을 하기는 하는데 뭔가 어색해서 눈을 뜨면 꿈인 적이 있다. 아마도 술술 빠져나가는 월급통장을 보는 날이면 그런 꿈을 꾸는 것 같다. 그렇다고 지금의 직장이 나쁘다는 것이 아니다. 나는 현재 고3 담임이어서 너무 좋다.

아이들을 볼 때마다 좋다.

옛이야기에 재판에 관한 재미난 이야기가 있다.

한 나무꾼이 길을 가는데 호랑이가 웅덩이에 빠져 있었다. 호랑이는 나무꾼에게 살려 달라고 빌었다. 나무꾼이 "내가 너를 구해주면 나를 잡아먹지 않겠느냐?"라고 물었더니 호랑이는 절대로 그런 일은 없을 테니 제발 구해달라고 애걸복걸했다. 그가 호랑이를 구해주자, 아니나 다를까 배고픈 호랑이는 그를 잡아먹으려고 입을 벌렸다. 그러자 나무꾼은 옆에 있는 나무에게 자신을 먹어도 되는지 한번만 물어봐 달라고 했다. 호랑이가 나무에게 어떻게 할지를 묻자, 나무는 나무꾼이 제 친구들을 베어버린 것을 생각하고는 그를 잡아먹으라고 판결했다. 그때 토끼가 나타났다. 토끼에게도 물어봐 달라고 부탁하자, 토끼는 처음 상황이 어떠했는지 재현하라고 했다. 그러자 호랑이는 웅덩이에 들어갔고 살려달라고 소리쳤다. 나무꾼과 토끼는 얼씨구나 하고 가 버렸다.

이 이야기는 배은망덕함에 관한 이야기다. 호랑이는 자신을 살려준 은인을 잡아먹으려 했고, 그 결과 다시 위험에 처하게 되었다. 나무꾼은 은혜를 베풀었다가 도리어 화를 당할 처지에 놓였다. 하지만 도와준 사람이 잡아먹힌다는 것은 '선(善)'이 '악(惡)'에게 패한다는 말이 아닌가? 그래서 이야기꾼은 토끼라는 구원자를 호출한다. 나무는 자신을 도끼로 찍어 힘들게 하는 나무꾼을 비난했지만, 늘 호랑이에게 쫓기며 살았을 토끼는 나무꾼의 편이 된다. 결국 서로의 처지에서 생각한다는 이야기다.

하지만 이야기를 달리 보자. 결국 호랑이는 다시 웅덩이로 돌아가 원점이 되었다. 그러므로 이야기는 계속 반복된다. 시간을 돌려 처음으로 돌아가면 나무꾼은 절대로 호랑이를 꺼내주지 않을 것이다. 맞다. 이 이야기는 나중을 생각해 보고 신중하게 현재를 결정하라는 교훈을 준다. 앞으로 일어날 일을 우리는 사실 잘 모른다. 어떤 일이 최선책인지도 모르고, 차선책인지도 알 수가 없다. 그러나 호랑이는 맹수 중의 맹수이고 구렁텅이에 빠진 호랑이란 악이 바짝 올랐음에 틀림없지 않은가. 그런 호랑이를 살려주었으니 당연히 화를 당하고도 남는다는 것은 자명한 일이다. 나무꾼이 여러 번 확인하는 장면이 있기는 하지만 그것으로는 부족하다.

과거로 돌아간다면 나무꾼이나 호랑이처럼 멍청한 짓은 하지 말아야지, 다짐한다. 그런데 지금은 어떤가? 학창 시절 공부를 하지 않았다면 지금이라도 시작해 보시라. 옛 직장이 그립다면 지금 다니는 직장에 충실할 일이다. 혹시 옛날 연인이 생각난다면 지금 옆에 있는 사람에게 잘 하시라. 돌아갈 수 있는 길은 없으니, 지금부터라도 돌아가지 않는 길을 택하는 것이 최고의 선택이다.

쌀 나오는 구멍

 직장인이라면 월급날만 기다린다. 순식간에 비어버려서 통장을 '텅장'이라는 말로 바꾸어 표현하는 일도 있는가 본데, 그래도 월급날이면 평상시엔 처져있던 어깨가 좀 올라간다. 어쩌다가 상여금이라도 나오는 날엔 목소리도 좀 커진다. 적은 금액이긴 하지만 꼬박꼬박 나오는 월급으로 고만고만한 생활을 꾸려나가는 아내를 보면 대단하다 싶기도 하고 미안할 뿐이다.

 옛날에 관가의 창고를 지키는 하급 관리 이 생원이 있었다. 아내는 늘 남편이 오기를 기다렸는데, 남편이 꼭 그날 먹을 양식만큼만 가져오는 것이었다. 아무리 흉년이어도 그 집에는 밥 떨어질 날이 없었다. 그런데 그만 이 생원이 몸져눕게 되었고, 집에는 쌀이 똑떨어졌다. 생원은 아들을 불러 관가의 뒤로 돌아가서 오른쪽 끝에 보면 작은 구멍이 있다, 그 구멍은 대나무 통으로 막혀있는데, 대나무 통을 끄집어내면 그 안에 하루치의 쌀이 있으니 가져오라고 일렀다. 아들이 가보니 꼭 하루치의 양식이 통 안에 담겨있었다. 그러고는 며칠 후에 이 생원이 저세상으로 갔다. 아들은 밤이 어두워지면 하루치의 양식을 가져와 먹다가 어느 날부터는 욕심이 생겨서 이틀 치를, 또 사흘 치를 가져왔고, 결국 창고의 쌀이 눈에 띄게 줄어드는 걸 본 관리에게 잡혀 매를 맞고 투옥되었다.

누구나 아시겠지만, 이 이야기의 교훈은 욕심부리지 말라는 것이다. 하루치의 양식을 계속 가져다 먹었다면 거의 표시가 나지 않아서 양식 걱정을 할 필요가 없었지만, 욕심을 내어서 많이 가져다 먹는 바람에 패가망신했다는 이야기다. 우리 주변에도 이런 사람이 더러 보인다. 욕심을 내 투자를 하다가 망한다거나 과격한 운동을 해서 오히려 몸을 망치는 경우가 그렇다.

그런데 우리가 넘어가서는 안 될 문제가 보인다. 바로 도덕적인 문제다. 고양이에게 생선을 맡긴 것과 같은 이치다. 이 생원은 관가의 물건에 손을 댄 것이다. 세상에 비밀은 없지 않은가. 아무도 모르는 것 같지만, 누군가는 지켜보고 있다. 또 한 가지 안타까운 일은 이 생원이 그 쌀을 가져옴으로써 그는 평생 거기에만 머물렀다. 만일 그가 하루치 쌀을 가져오는 것에 신경을 쓰지 않고 창고 관리에 주의를 기울이고 자신이 맡은 일을 잘했더라면 창고지기라는 지위에서 끝나지 않고 높은 자리로 올라갔을 터인데, 그는 매일 하루치 먹을 것을 훔쳐 오는 일에 집중했다. 결국 원래 자신이 가졌을 어떤 꿈을 펼쳐보지도 못했고, 쌀을 훔쳐 온 벌로 자식은 감옥에 갇히는 신세가 되었다. 그리고 그는 현재만을 살았다. 미래에 대한 대비가 전혀 없었다. 그는 자식들도 자신이 한 것처럼만 하면 평생토록 먹을 걱정은 하지 않고 살 것이라는 데 안주하고 말았다. 우리는 오늘을 살지만, 미래를 준비해야 한다. 미래를 준비하는 일은 오늘 하루를 잘 사는 일이고 아이들에게 미래를 열어 주는 것이다.

아내는 박봉의 월급을 쪼개어 적금도 들고 있다. 또, 적은 액수라도 주변에 기부하는 일을 놓지 않는다. 자선단체에 매달 적은 금액이지만 수십 년을 보낸 것으로 알고 있는데, 늘 미안해하는 것 같다. 비록 먹는 쌀이 나오는 것은 아니지만 후원 어린이가 보내오는 엽서에서 '행복'이라는 쌀이 나오는 것 같다. 아이들이 다 보고 배운다. 고마운 일이다.

확 『맹자』를 읽혀 버릴라!

 주변에 보면 자기가 하는 일에 만족하지 못하는 사람이 제법 있다. 나처럼 평범한 위치에서 보면, 썩 괜찮은 직업인데도 불구하고 불만을 토로하는 친구도 보인다. 정년이 보장되는 공무원사회에서도 초년생들의 퇴사가 많다고 한다. 수년간 공부해서 그 어려운 경쟁력을 뚫고 들어간 직장을 그만두는 것을 보면 안타까운 마음이 들기도 하고 아쉽기도 하다. 분명 각자가 처한 현실이 불편하게 느껴질 때가 있다. 군대 얘기가 나오면 누구나가 다 고생했으며 편한 군 생활을 했다는 이야기는 손에 꼽을 정도니까 만족(滿足)에 이르는 길은 무한히도 멀다고 하겠다.

 옛이야기가 있다. 더운 여름날 아침 양반집 주인이 대청에 앉아 책을 읽고 있었다. 공자왈 맹자왈 하고 있으니까 마침 소를 몰고 가던 하인이 그 꼴을 보고는 신선놀음이 따로 없다며 팔자타령을 했다. 마침 이 말이 양반의 귀에 들렸다. 즉시 양반은 그 하인을 불러서 오늘부터 자리를 바꾸자고 했다. 하인은 얼씨구나 하면서 버선에, 도포에, 두건과 갓을 쓰고는 책상에 앉아서 까막눈으로 글을 보았다. 한 식경도 지나지 않아서 망건을 쓴 머리가 가려워지고 양반다리에서는 쥐가 나고 버선발에서는 땀이 나기 시작했다. 하인은 주인에게 머리를 조아리며 소를 몰고 나가서 밖에서 일하는 것이 좋다며 내뺐다. 그런데 소가 꿈쩍도 하지 않았다. 그러자 하인이 벌컥 화를 내며 소에게 말했다. "너, 이렇게 말 안 들으면 나에게도 생각이 있어, 이놈아, 대청마루에 앉혀놓고 확『맹자』를 읽혀 버릴라!"

 재미있는 이야기다. 아마도 어느 양반이 양반 체면에 뜨거운 여름날 두건을 벗지도 못하고 도포를 입고서 글을 읽다가 지나가는 하인의 시원한 차림을 보고서 적은 글이지 싶다. 양반은 하인의 자유로운 차림새와 아무렇게나 해도 되는 행동거지가 부럽고, 하인은 일도 하지 않고 평생을 시원한 대청마루에 앉아 글이나 읽는 선비가 부럽다는 내용이다. 서로가 상대의 처지가 돼보지 않았으니 그렇게 생각하는 것이 마땅하다.

 옛말에 '용은 여의주를 물고 놀고, 쇠똥구리는 쇠똥을 굴리면서 살아야 한다.'라는 속담이 있다. 쇠똥구리에게 여의주를 준다면 쇠똥구리는 필시 그 여의주에 깔려 죽을 것이고 용이 쇠똥을 물고 논다면 너무나도 씁쓸할 것이다.

잘못 들으면 높은 곳은 아예 쳐다보지도 말아라, 라는 뜻으로 오해할 수도 있지만, 이 글은 누구나 자신에게 주어진 일에 만족하면서 살아야 한다는 교훈을 준다. 괜찮아 보인다고 해서 그 길을 무턱대고 따라가다가는 만족하지 못하고 살 수도 있다. 인간의 욕심은 끝이 없어서 현재의 삶에 만족하기란 여간 쉽지 않다. 만약 스스로 자족하지 못한다면, 아무리 읽어도 이해가 가지 않는 『맹자』를 술술 읽는 척해야 한다. 그보다 더 괴로운 일이 어디 있겠는가?

원래 그래!

 어떤 모임에 항상 늦게 오는 친구가 있다. 오다 보니 차가 막혔다거나 오려고 하는데 집에 갑자기 큰일이 생겼다는 변명을 한다. 처음에 한두 번은 그러려니 했는데, 나중에 알고 보니 다른 일 처리도 느릿느릿해서 사람들이 일도 잘 맡기지 않는다는 사실을 알았다. 몇 번 그에게 지각하는 일을 좀 바꿔보라고 했는데, 그런 말을 듣고 나면 좀 일찍 오는가 싶다가도 또 늦는다. 그의 이름이 공교롭게도 '원래'여서 '그래'라는 별명을 붙여 그를 지칭할 때는 '원래 그래'가 되었다.

 『청성잡기』 제3권에 흥미로운 일화가 있다. 신 씨(愼氏) 성을 가진 이가 제주목사로 근무하다가 육지로 돌아올 때 폭풍을 만났다. 그러자 뱃사공이 임산부는 배에서 꺼리는 대상이라며 신 씨의 임신한 첩을 바다에 버려야 한다고 말했다. 이에 신 씨가 꺼리자, 그 첩이 자원했다. 이불을 씌우고 바닷물에 던지자, 바람이 잦아들었다. 하지만 건지려고 하면 바람이 불어서 결국 줄을 끊었다. 허승(許昇)이 정의현감(旌義縣監)을 마치고 돌아올 때 같은 일이 일어났다. 임신한 여종을 바다에 버리라고 하자, 허승은 "죽고 사는 것은 사람의 명에 달렸는데, 어찌 여종 하나의 목숨이 우리를 구할 것인가."라며 여종을 살렸다. 배에 탄 사람들도 다 살았다.

이 이야기는 현감 허승의 판단으로 여종을 살리고 사람들을 구하는 이야기다. 앞에 나온 신 씨라는 제주목사는 자신이 살기에 급급했고, 뒤에 나온 허승은 사람의 목숨을 소중하게 여겼다. 결과적으로 신 씨는 자신은 살 수 있었지만, 첩을 죽였다. 허승의 결단은 여종도 살리고 배에 탄 모든 사람을 다 살린다. 한 사람의 판단으로 사람이 살고 죽는 이야기다. 누구나 허승의 종을 살린 이야기를 보면서 아, 그렇군, 하면서 무릎을 '탁' 칠 것이다. 첩이 죽은 것은 자연재해가 아니라 인재人災였다.

이야기를 자세히 살펴보면, 우리가 알지 못하는 사실이 하나 있다. 뱃사공이 자신의 실수를 인정하지 않는 것이다. 수없이 바다를 오갔던 뱃사공은 폭풍의 이유를 오로지 임신한 여인에게로 돌린다. 그리고 잘못된 판단으로 사람을 죽이고는 그것이 곧 진실인 양 받아들인다. 한 번 그것이 통하자 두 번째도 또 똑같은 방식으로 해결하려고 한다. 인명을 가볍게 여기며, 위험에 처했을 때 어떻게 대처할 것인지는 생각하지 않고 그저 하늘에다 모든 걸 맡겨버린다.

이때의 왕조 실록을 살펴보면 정의 현감 자리를 외직外職으로 표현하거나 좌천左遷으로 표기한 부분이 나온다. 그러므로 제주목사나 정의 현감 자리는 아마도 왕의 눈 밖에 난 관리들의 자리였음이 틀림없다. 배를 타고 망망대해를 건너가야 하는 고단한 여정이므로 누구나 꺼리는 자리였을 것이다. 처음에야 바다를 바라보면서 좌천의 아쉬운 마음을 달랬겠지만, 배를 타고 가는 와중에는 살아서 제주섬에 닿는 일이 가장 중요한 일이 되었으며 때로는 풍랑을 만난 배가 좌초하기도 했을 것이다. 그러니 임신부를 바다에 버려 바람을 잠재우는 일이 최고의 방법이라며 '원래 그래!'를 남발했지 싶다.

어떤 일을 하다 보면 '원래 그래!'라는 말을 자주 듣는다. 분명 뭔가 잘못되었는데 지금까지 그렇게 관행적으로 해왔기 때문에 바꿀 필요가 없다는 것이다. 오늘 "원래, 일찍 오냐?"라고 물으면 "아니, 알잖아, 원래 그래!"라는 답이 제일 먼저 나온다. '원래'가 언제쯤이면 시간 약속을 잘 지킬지는 모르지만 시간 약속에 늦지 않고 제시간에 맞춰서 오는 일이 '원래 그런 일'이 되면 좋겠다.

호랑이 형님

'소귀에 경 읽기'라는 속담이 있다. 대화가 통하지 않는다는 말이다. 소통이 되지 않으면 목소리 톤이 올라가고 목소리가 커지면 주먹이 눈퉁이를 향할지도 모른다. 가만 보면 이 모든 일의 원인이 들으려고 하지 않는 데 있다. 자신의 주장만을 말하려고 하면 대화가 될 리가 만무하다. 또한, 대화의 당사자가 알아들을 수 없는 말로는 아무리 설득하려고 해도 통할 리가 없다.

그런데 또 다른 속담에서는 '서당 개 삼 년이면 풍월을 읊는다.'라고 했으니, 어떤 동물은 사람의 말을 알아듣고 소통하기도 한다.

우리가 잘 아는 전래동화에 호랑이 형님 이야기가 있다. 노모를 모시고 살던 한 나무꾼이 나무를 하러 갔다가 그만 호랑이에게 잡히고 말았다. 그러자 나무꾼은 꾀를 내어 잃어버린 형님을 만났다며 큰절을 올렸다. 어린 시절 자신의 형님이 호랑이에게 잡혀가서 호랑이로 길러졌는데 그 호랑이가 바로 당신이라고 하며, 어머니가 형님 걱정에 잠도 제대로 주무시지 못했다고 울먹였다. 그러자 호랑이는 눈물을 흘리면서 어머니를 잘 모시라고 하며 때마다 멧돼지를 잡아 마당에 던져주었다. 그런데 언젠가부터는 그런 일이 사라졌다. 며칠이 지난 어느 날 나무꾼은 산에서 호랑이 새끼들을 만났는데, 꼬리에 흰 천을 매달고 있었다. 사연인즉 자신의 아버지가 사람이었는데 할머니가 죽고 나서 쉬엄쉬엄 앓다가 죽었다는 것이었다. 나무꾼은 호랑이 새끼들을 잘 돌보아 주었다.

옛날에는 호랑이를 만나는 일이 가장 무서운 일이었으며, 호환으로 죽는 사람이 많았다. 그런 의미에서 본다면 이 이야기는 얼토당토않은 이야기다. 아마도 호랑이로 인해 피해가 막심해서 호랑이를 두려워하는 마음에 호랑이를 인간으로 변신시켰을 수도 있고, 유교 사상이 나라의 분위기를 주도하던 때여서 효도에 관한 이야기를 강조하다 보니 만들어진 이야기일 수도 있다.

그렇지만 이야기를 자세히 들여다보면 우리는 놀라운 사실을 발견할 수 있다. 호랑이를 의인화시켜서 호랑이가 사람의 말을 알아듣는 장면이다. 호랑이는 본능에 의해 살아가는 동물이며 허기가 지면 소나 개를 쉽게 낚아채 갔던 짐승이다. 사람도 마다하지 않았다. 그런 동물이 말을 알아듣고 인륜을 안다는 가정을 하는 장면은 정말 동화적이다. 그렇게 해석하지 않고서는 도무지 이 이야기를 풀어갈 방법이 없지 않은가? 하지만 바로 그런 점에서 이 이야기는 소통에 관한 이야기라고 볼 수 있다.

만약 호랑이가 사람의 말을 알아듣지 못한다는 가정을 한다면 이 이야기는 그 자체로 이미 재미가 없는 불능의 이야기다. 하지만 호랑이가 사람의 말을 알아듣는다는 가정을 함으로써 재미가 있고, 교훈도 주는 아주 훌륭한 이야기가 되었다. 나무꾼의 말을 들어주는 호랑이라, 멋지지 않은가? 이 순간의 강자는 당연히 호랑이다. 약자는 나무꾼이 틀림없고. 권력을 쥔 자가 힘없는 자의 하소연을 들어주고 속아준다. 그 사연이 절절하기 때문이다. 나무꾼이 호랑이에게 먹혔다면 노모의 삶은 더는 의미가 없는 삶이 되고 말았을 것이다.

옛이야기가 주는 교훈은 자세히 곱씹어 보면, 하나도 버릴 게 없다. 하물며 무자비한 짐승이라는 호랑이도 말을 알아듣고 변하지 않는가. 이 장면은 힘 있는 자들에게 제발 백성의 말을 잘 들어라, 하고 만들어 낸 게 틀림없다. 그러고 보면 호랑이도 개도 사람의 말을 유심하게 들어준다. 꼭 남의 말을 귀담아듣지 않는 사람들이 목소리만 큰 것 같아 몹시 씁쓸하다. 나도 그런 부류가 아닌지 모르겠다.

글 의자

얼마 전에 심리 상담에 관한 연수를 받았다. 연수 과정에서 빈 의자를 앞에 두고서 강사는 한 사람씩 그 의자에 앉게 했다. 그러고는 담담하게 의자에 앉은 사십이 된 교사에게 이십 대의 당신에게 안부를 전하라고 했다. 처음에는 무덤덤하던 사람이 갑자기 울음을 터뜨렸다. 사람의 마음이 만들어 낸 일이었다. 또 어떤 사람에게는 돌아가신 어머니를 소환해서 어머니에게 하고 싶은 말을 하라고 하기도 하고, 딸아이에게 하고 싶은 말이 있으면 전하라고도 했다. 텅 빈 의자에 앉는 순간 모두가 상황에 몰입했다.

『용재총화』에 나오는 이야기다. 내 친구 손영숙(孫永叔)은 벼슬하지 않은 선비 시절에 장난삼아 10여 명이 떼를 지어 절에 돌아다니며, 몽둥이로 중을 때리고 물건을 빼앗는 짓을 하다가, 일이 발각되어 모두 의금부에 갇혀서 국

문(鞫問)을 받았다. 이때 금법(禁法)이 엄하지 못하여 조정의 선비들이 모두 들어가 볼 수 있었으므로, 아침저녁으로 주찬(酒饌)이 많이 쌓이게 되었다. 손영숙이 말하기를, "구복(口腹)을 채우기에는 이곳만한 데가 없으니, 만약 석방되어 집으로 돌아가면 무엇을 먹을꼬." 하니, 사람들이 모두 웃었다. 그 뒤에 대간(大諫)이 되어 경연(經筵)에 입시(入侍)하였을 때 마침 형옥의 폐단에 대해 논하자, 손영숙이 아뢰기를, "젊어서 옥(獄)에 있어 보니 옥은 죄인을 가두어 두고 괴롭게 하는 곳이 아니라 오히려 영화로운 곳이었습니다." 하니, 임금이 이르기를, "옛사람의 말에, '땅에 금을 그어놓고 옥이라 하여도 들어가지 않았다.' 하였으니, 옥이 아름답다고 한들 사람이 어찌 영화롭게 생각하겠느냐." 하니, 좌우가 모두 놀랐다. 손영숙은 진실하고 다른 뜻은 없었기 때문에 저도 모르게 말을 실수한 것이었다.

지금이라면야, 어림도 없는 이야기겠지만, 『용재총화』가 나온 해가 1525년 중종 20년이었으니, 연산군을 몰아낸 선비들이 중종을 임금으로 세우고 위세를 한껏 날리던 시절이있다. 손영숙은 중을 때리고 물건을 빼앗다가 옥에 갇혔는데, 친구들이 면회를 오면서 술과 안주를 옥에 가지고 왔다. 이에 손영숙은 감옥살이가 먹고 마시기에 최고의 장소라고 이야기한다. 후일 그가 대간이 되었을 때, 그때 이야기를 하자 임금이 '옛사람은 땅에 금을 그어놓고 옥이라 하여도 들어가지 않았다.'라며 손영숙을 꾸짖는다.

한 마디로 조선 중종 시절에는 감옥이 제 역할을 다하지 못했음을 알 수 있는 내용이다. 원래 어떤 제도나 사물이 제 역할을 다하지 못하면 오용되거나 남용되기 쉽다. 임금이 말하기를 '땅에 금을 그어놓고 옥'이라 하는 부분이 나온다. 어린 시절에 책상을 같이 쓰면서 선을 그어놓고는 넘어오지 말라며 보이지 않던 벽을 쌓았던 일도 있었다. 가상의 선이기는 하지만 감히 넘어가지 못했다. 마음을 닫았기 때문이었다. 임금은 손영숙에게 마음가짐을 새로 할 것을 주문한다.

어떤 일에 선을 긋고 말고 하는 일은 자신에게 달려 있다. 내가 선을 긋고 담을 쌓으면 그와는 멀어진다. 돌이켜 보면 내가 그은 담으로 인해 얼마나 많은 친구를 잃어버렸는지 모른다. 가족도 마찬가지다. 마음에 빗금을 그은 후에는 만남이 소원해졌다. 왜 그런 일이 벌어졌는지 생각해 보면 별 뜻 없이 한 말, 의미 없이 한 행동을 내 맘대로 해석했기 때문이다. 한심하기 짝이 없다.

글을 적는 이유는 이런 마음을 돌아보는 것이다. 아무것도 적히지 않은 글 의자에 앉으면 많은 일들이 떠 오르고 그 일들이 새삼스럽게 좋거나 나쁘게 다가온다. 어제 적은 글을 오늘 보면 아, 내 생각이 그랬구나, 하며 스스로 깨닫

기도 한다. 임금의 힘이 약해 바로 꾸짖지 못하고 옛일을 끄집어내 신하에게 가르침을 주는 장면이 영 어색하기는 하다. 그래도 임금이 그은 선 안에서 그가 깨우침을 얻었다니 다행이다. 가끔 글 의자에 앉아 과거의 나와 대화하는 일, 뭉뚝뭉뚝 잘린 관계를 다시 잇는 일이다.

조선의 안과 처방

 좋은 것만 닮으면 좋겠는데, 집에 아이들 둘 다 시력이 좋지 않다. 요즘은 의술이 발달해서 라식 수술보다 한층 더 좋은 스마트 수술이 있는가 보다. 두 아이가 수술받고는 당일부터 안경을 끼지 않아도 된단다. 일이 바빠 수술 시간에 가보지도 못하고 있다가 뒤늦게 병원에 찾아갔더니 아내와 딸아이가 보이지 않았다. 전화를 걸어보니, 수술 끝나서 병원 앞 분식점에서 떡볶이를 먹고 있다고 했다. 참 신기한 세상이다. 떡볶이를 먹으며 아내에게 나도 수술을 하고 싶다는 뜻을 넌지시 비추었더니 그냥 그대로 살란다.

 『용재총화』 제10권에 나오는 이야기다. 김생의 한쪽 눈이 멀었다. 옆에 있던 채생이 말하기를, "옛날 고려말에 당신 같은 사람이 있었는데, 어느 스님이 이르길 급히 눈

동자를 뽑아버리고, 개의 눈알을 넣으면 뜨거운 피가 서로 붙어 옛날처럼 된다."라고 했다. 그러자 주변에서 하는 말이 "과연, 그럴 것 같다."라고 이구동성으로 동의했다. 께름칙해하는 김생을 앞에 두고 채생이 덧붙이기를 "다만, 길거리의 변을 보면 잔칫상의 음식같이 보여서 먹고자 할 것이다."라고 했다. 이에 김생이 채생을 꾸짖으니 주변 사람들 모두가 웃었다.

  되지도 않는 우스갯소리로 좌중을 웃기는 이야기다. 지금 같으면 큰일 날 일이다. 그런데 한쪽 눈이 먼 김생을 두고 좌우에서 놀리는 형세가 김생의 평소 행동거지가 좋지는 않았지 싶다. 그렇지 않고서야 아픈 사람을 앞에 두고 동정은커녕 놀리고 있으니 말이다. 주변에 있는 사람들도 마찬가지로 동의하고 박장대소하는 걸 보면 평소에 인간관계를 잘 맺고 잘 살고 볼 일이다.
  개의 눈알을 가져다 붙이면 개처럼 되어서 길거리의 변이 모두 잔칫집의 음식같이 보일 것이라고 했으니, 사실은 그를 아예 강아지 취급하고 있다. 고전에 김생으로 나오는 김사문(金斯文)은 기록이 보이지 않고, 채생으로 나오는 채기지(蔡耆之)는 연산군의 어머니인 폐비 윤 씨에게 머물 장소와 땔나무와 양식을 공급하라는 상소를 올렸다가 파직되는 부분이 나온다. 아마도 강직한 성품이었던 것 같다.

 그런데, 사람의 눈을 가지고 사람의 얼굴을 하고 있다고 해서 다 제대로 된 사람이라고 판단하면 곤란하다. 사실 우리 집에도 강아지가 한 마리 있는데, 변은 거들떠보지도 않는 아주 깔끔한 성격의 친구다. 꼭 사람인 양 행동한다. 좋아하는 사람을 좋아하고, 저한테 해코지하는 사람은 싫어한다. 맛있는 냄새가 나면 제일 먼저 달려온다. 결국 개의 처지에서 보면 눈이 주(主)가 아니고, 냄새를 맡는 코가 주다. 사람도 사물을 보는 눈이 주가 아니라 됨됨이를 알아보는 마음의 눈을 닦아야 할일이다.

 어쨌든, 아이들은 더 나은 세상을 볼 수 있어서 다행이다. 이게 부모 마음이다. 나의 시력 교정 수술은 일찌감치 물 건너간 것 같으니, 좋은 안경이라도 맞춰야겠다. 그런데, 멀리 보는 안경도 필요하고, 돋보기도 필요한 세월이 오고 말았다. 주변에서는 "너 보고 싶은 것만 보고 살아라."라고 한다. 좋은 것만 보고 보기 싫은 것은 안 보면서 좀 흐릿하게 사는 것도 괜찮은 것 같다. 세상의 이치다.

칼은 내려놓고 밥값을 낼 때

가족 간에 하지 말아야 할 대화가 있다. 바로 종교와 정치에 관련된 이야기다. 명절 지나고 나면 사건 사고 소식에 꼭 종교나 정치와 연관된 가십거리가 보인다. 사람마다 생각이 다르고 살아온 환경이 다를 수밖에 없으니 당연한 일이다. 형제간에도 마찬가지다. 종교나 이념이 다르면 가급적 그런 대화는 하지 않는 것이 좋다. 자신의 종교를 믿으라고 강요하면 불화가 생길 수밖에 없지 않은가?

『용재총화』에 양녕대군의 일화가 있다.

효령대군은 불교에 심취하여 절에 진심을 다 쏟았다. 어느 날 형 양녕대군이 효령의 뒤를 따랐다. 그런데 뒤에 두 첩을 따라오게 하고, 오른손에는 매를, 왼손으로는 개를 데리고 갔다. 그리고 잡은 꿩과 토끼로 고기를 굽고 술을 데워먹었다. 그러고는 대취하여 법당에 들어가서 함부로 행동하였다. 이에 효령대군이 "형님은 이렇게 나쁜 업을 쌓으면 다음 생에 지옥을 가시게 되는데 어떻게 하시렵니까?" 하고 물었다. 이에 양녕대군은 "착한 일을 행한 사람은 구족(九族)이 도리천(忉利天)에 태어난다고 했다. 하물며 형제간이야 말할 것도 없지 않으냐, 살아서는 임금의 형으로, 죽어서는 보살의 형이 되어 반드시 천당에 갈 것이 아니겠느냐?"라고 답했다.

양녕대군의 대답이 걸작이다. 살아서는 임금의 형으로서 허랑방탕한 생활을 하고, 죽어서는 보살의 형이니 신선의 세계인 도리천에 태어난다며 스스로 위로한다. 아버지 태종이 임금이 되기 위해서 친족을 죽인 예를 보았으므로 맏이인 양녕대군은 늘 목숨의 위협을 느꼈을지도 모르겠다. 그래서 그는 방탕한 생활을 했다고 전해진다. 그런 그가 동생 효령대군이 거처하는 절에 찾아와서 술과 고기를 마시고 첩들과 놀아난 모양인데, 아마도 마음을 터놓을 곳은 그래도 형제간이 최고였던가 보다. 겉으로 보기에는 임금의 형이요, 불심 가득한 동생의 형이니 그의 처지가 소위 '금수저'처럼 보이기도 하지만 불우한 시절을 살았다.

옛이야기는 뜻하지 않게 교훈을 넌지시 암시하는 경우가 많다. 효령대군은 자신의 종교를 절대로 강요하지 않는다는 것이다. 다만 양녕대군의 행실을 탓할 뿐 자신이 믿는 종교에 관해서는 말이 없다. 심지어 불가에서 금지하는 육식을 하고 첩을 데리고 와서 욕정을 불태우는 형을 두고도 형의 안위를 걱정할 뿐이다. 형은 그런 동생을 보며 동생 덕을 보자며 도리천 이야기를 하니 두 형제가 싸울 일은 절대로 없었겠다.

 불교에서 말하는 도리천은 신선의 땅이다. 한자로 도(忉) 자는 근심할 도이다. 마음심(心) 변에 칼도(刀) 자가 붙어서 칼을 품고 있다는 말이다. 한 사람은 마음에 품은 칼을 불도에 귀의하여 다스리고, 한 사람은 술과 여자로 그 칼을 다스린다. 그 덕에 더 이상 형제를 죽이거나 반역과 같은 일은 일어나지 않았고, 세종대왕은 성군이 되었다.

 전라도로 시집간 처제가 가족과 함께 가끔 고향인 대구에 온다. 그러면 아내가 미리 나에게 입단속을 한다. 정치 얘기는 절대로 하지 말라는 것이다. 아무리 입단속을 한다 한들 얘기를 하다 보면 정치 이야기가 나올 수밖에 없다. 생활 형편이 나보다 나은 동서가 자신의 의견을 말하면, 나는 잘 들어주고 밥값을 내라고 한다. 들어준 값이니까. 내가 말을 많이 할 때는 내가 낸다. 내 얘기를 잘 들어주었으니까. 비록 친형제 간은 아니더라도, 형제와 다름없다.

울음이 조금 늦었다

 먼 길 떠나는 남편을 배웅하는 슬픈 아내의 얼굴이 카메라에 클로즈업된다. 진심으로 사랑하는 모습이 드러난다. 반대로 남편의 얼굴에는 묘한 기쁨의 감정이 있다. 뭔가 자유로운 기분이 들어서일까? 아니면 다른 생각이 있어서일까?

 『청파극담』에 눈물을 흘리는 임금의 사위 이야기가 나온다.
 부마(駙馬) 회천군(懷川君)이 부경(赴京)하는데, 동지(同知) 조지경(曺智敬)이 대호군(大護軍)으로서 따라갔었다. 군이 서경(西京)의 기녀를 태우고 가는데, 압록강에 이르러 눈물을 줄줄 흘리고, 따라가던 서리 한 사람도 덩달아 또한 우니, 조동지가 발로 서리를 미끄러뜨려 강물에 떨어뜨리며 말하기를, "군이야 기녀를 사랑하고, 기녀도 군을 생각하니 서로 눈물을 흘릴 만하지만, 너는 왜 우느냐." 하니, 군이 그 말을 듣고 조동지를 질책하기를, "호군은 어찌 생각을 못함이 그리 심하냐. 나는 위로는 전하가 계시고, 아래로는 옹주가 있으니 낯선 지방에 건너가게 되었으니 어찌 그립지 않겠느냐. 그래서 우는 것이다. 어찌 기녀를 생각할 이치가 있겠는가." 하므로, 조가 말하기를 "그렇다면 이 울음이 조금 늦었습니다. 왜 도성문에서 울지 않고 여기서 울어야만 합니까." 하니, 군은 눈물을 거두며 사죄하였다.

동지 중추부사 조지경의 사람을 꿰뚫어 보는 눈이 놀랍다. 왕의 사위인 회천군은 그만 조지경의 말에 혀를 내두르며 사죄하였다. 이 이야기가 주는 교훈은 뻔한 거짓말에 대한 날카로운 지적이다. 왕과 아내가 그리워서 울 것이었다면 도성문을 나오기 전에 울었어야지 압록강에 이르러 우는 것은 순리가 그렇지 않다는 것이다. 아내가 그리워서가 아니라 기녀와의 이별을 슬퍼하여 우는 것이 아니냐는 직설적인 대호군의 발언이 왕의 사위에게는 불같은 호통으로 다가왔을 것이다.

그런 것은 접어두고, 두 사람의 대화가 너무 재미있고 해학이 넘친다. 공무를 수행하러 가는 왕의 사위가 기녀를 태우고 가는 장면이 우스꽝스럽고 졸렬하다. 압록강에 다다라서 헤어지는 일이 슬퍼서 우는 부마라니, 어처구니가 없다. 그러자 호위하던 장군이 차마 부마를 밀어 떨어뜨릴 수는 없어서 부마의 서리를 밀어서 강에 빠뜨린다. 얼마나 눈꼴이 사나웠으면 그렇게 했을까? 그러자 부마는 당황하며 변명을 늘어놓는다. 왕과 아내가 그리워서 운다는 뻔한 거짓말로 봉변을 면하고자 한다. 그러자 그것에 대한 대장군의 답이 절창이다. "그렇다면 이 울음이 조금 늦었습니다." 조지경의 말은 한 편의 시나 다름없다. 그걸 알아듣고는 또, 금방 사죄하는 부마의 태도도 솔직하다.

그런데, 왕의 사위의 처지에서 보면 삶이 갑갑했을 것이다. 벼슬길에 나아가지도 못하고 처신도 함부로 하지 못했으니 그저 집에서 책이나 읽고 글이나 쓰지 않았을까? 그런 왕의 사위들이 잠시나마 벗어날 수 있는 길이 외교사절단이 되어서 외국으로 나가는 일이었을 것이다.

드라마에서는 결국 사달이 난다. 하지만 옛이야기는 이렇게 해학으로 마무리된다. 그런데 그걸 재미있는 이야기라고 적어 후세에 남긴 『청파극담』의 저자도 큰 벼슬은 하지 못했지 싶다. 이런 이야기를 적어 남겼다면 벼슬에 연연하지 않았음이 틀림없다. 시시콜콜한 이야기를 들으며 "오늘도 한 건 건졌다."라고 기뻐하는 그의 얼굴이 눈에 선하다.

술이 사람을 먹는

　술 마시는 일이 좋은 사람도 있고 곤혹스러운 사람도 있다. 나는 주로 후자에 속한다. 한 잔이라도 마시면 대번에 얼굴이 붉어지고 속이 편치 않아서 화장실로 직행해야 한다. 억지로 마시다가는 병이 난다. 언젠가 객기로 소주 한 병을 마신 일이 있었는데, 거짓말을 좀 보태면 이틀을 혼수상태에 빠지기도 했다. 그만큼 힘들었다는 말이다. 하지만 친구 중에는 아무리 마셔도 얼굴색 하나 변하지 않는 친구가 있는데, "음주 단속 경찰관의 단속에서 차 안에 술 냄새는 가득한데 측정기에서는 반응이 없었다."라는 무용담을 자랑스럽게 이야기했다. 물론 그가 부럽다는 것은 아니다. 적절하게만 마시면 좋겠다. 조선시대 영조 임금은 금주령을 시행하기로 유명한 임금이었다.

　『계서야담』에 금주령과 관련된 이야기가 있다.

영조 임금이 금주령을 내렸음에도 불구하고 윤구연이 술을 마시자, 그를 참수하였다. 현재로 치자면 제주도를 총괄하는 도지사 격인 제주목사까지 지낸 사람이었는데 그만 임금의 눈 밖에 나서 금주령에도 불구하고 술을 마셨다가 죽임을 당했다. 그 후 임금은 또 어디선가 누군가 술을 먹었다는 고변을 듣고는 암행어사를 파견했다. 하지만 술을 만든 사람이 가난한 서생이었고 그의 아내와 어머니가 한사코 살려달라고 애걸복걸하는 통에 암행어사는 그 가족을 살려주고는 임금에게 그런 사람이 없다고 거짓으로 고했다. 후일 그 서생이 관찰사가 되었고 암행어사를 지낸 사람에게 고마움을 전했다.

술 때문에 벌어진 일이다. 윤구연은 술을 마셨다는 이유로 죽었으니 억울하기 짝이 없겠다. 심지어 술을 빚어 생계를 꾸렸던 서생은 단속반을 잘 만나서 후일 관찰사까지 되었으니, 결국 나라의 지엄한 법이 있어도 사람에 따라 달리 처분되었음을 알 수 있다. 윤구연에 관한 승정원일기의 기록을 찾아보면, 영조 임금은 "남행 선전관(南行宣傳官) 윤구연(尹九淵)이 유엽전(柳葉箭) 10순(巡)에서 수석을 차지하였으니, 전시(殿試)에 곧바로 응시할 자격을 주라."라고 했다. '유엽전'은 버들잎을 닮은 화살촉을 일컫는 말이고 '10순'은 10번 돌아가며 쏘았다는 것이다. 거기에서 윤구연은 수석을 차지했다. 그러므로 그의 무예가 대단했다. 그뿐만 아니라 제주목사 시절에는 관청을 단속해 업무 기강을 바로잡았다는 기록도 있으니, 그가 술을 마셨다고 해서 업무를 제대로 하지 않은 사람은 아니겠다. 결국 술이 사람을 먹은 셈이다. 영조 임금도 그 사실을 잘 알았지만 그를 참수했을 때는 말 못 할 사정이 있었을 것이다. 윤구연은 시절을 잘못 타고났다고 밖에 할 수 없다.

술을 마시지 못하게 한 이유는 한쪽에서는 쌀이 없어서 굶어 죽는 판국에 다른 쪽에서는 쌀로 술을 빚어서 취하는 폐해를 없애기 위해서였다고 하니, 왕의 백성을 위하는 마음을 알 수 있다.

다행히 술을 못 마시니, 금주령은 나와는 거리가 먼 이야기다. 한 잔이라도 마시면 온몸이 반응하니 "네가 술을 다 먹었냐?"면서 놀리는 친구도 있는데, 술을 못 먹어서 낭패 본 일은 없다. 오히려 술을 마시지 않기 때문에 모임이 끝나면 술이 거나한 친구들을 집까지 태워주는 일이 종종 있다. 아예 "네가 술을 안 마시니까 나중에 태워줘."라고 하는 친구도 있다. 덕분에 귀가 시간이 제일 늦어지기도 한다. 그래도 다음날엔 꼭 고맙다는 인사를 듣는다. 영조 시대에 태어났다면 있을 수 없는 일이니, 이만하면 시절은 잘 타고났다고 볼 수 있겠다.

전봇대 귀신

　노상 방뇨하면 벌금이 10만 원이란다. 그런데 노상 방뇨가 요즘은 노상 방뇨로만 끝나지 않는다. 담벼락에 볼일을 보는 경우엔 그 집의 담벼락이 훼손되니 재물손괴죄가 붙게 된다. 만일 누군가가 그 모습을 보고 성적인 수치심을 느낀다면 공연음란죄가 추가된다. 그러니 아무리 급해도 볼 일은 화장실에서 봐야 한다. 무엇이든 때와 장소가 있으니 잘 가려야 한다. 옛날에는 노상 방뇨하면 귀신이 나타나서 타일렀다.

　이덕형의 『죽창한화』에 장미 귀신 이야기가 있다.
　이덕형의 친척인 김 공은 인왕산 밑에 살았는데, 그 집 마당에는 장미가 환하게 피어 담을 감싸고 있었다. 김 공은 장미를 보다가 설핏 잠이 들었다. 그때 꿈에 누런 옷을 입은 남자가 나타나 김 공에게 눈물을 흘리며 하소연했다.

"제가 주인의 집에 들어와 대대로 살아오면서 근심과 즐거움을 함께 나누었습니다. 그런데, 근자에 와서 주인의 아들이 무례하여 더러운 물을 나에게 끼얹고 온갖 욕설과 입에 담지 못할 일들을 행합니다. 아들을 해할까 하다가 이렇게 주인께 말씀드립니다."

과연 김 공이 아들을 살펴보니 꽃나무에다가 소변을 보는 것이었다. 젊고 힘이 좋아 꽃나무 위쪽까지 오줌을 누니 꽃들이 다 시들어졌다. 김 공은 아들을 꾸짖고 물을 길어와 꽃나무를 정성껏 씻어주었다.

자연 사랑에 대한 조선의 선비 이덕형의 글이다. 이덕형은 '오성과 한음'으로 유명한 '한음(漢陰)'이다. 한음이 친구인 김공이라는 가상의 인물을 통해 장미에 소변을 보는 아들을 꾸짖는 내용이다. 요즘엔 집집에 화장실이 하나 아니면 두 개씩 있어서 이런 일은 상상하기 어렵겠지만 7, 80년대만 하더라도 공동화장실을 사용하는 경우가 대부분이었다. 우리 집도 상가건물의 한쪽을 세내어 살았는데, 대여섯 집이 화장실 세 칸을 공동으로 사용했다. 아침마다 화장실 앞에 줄을 서는 일이 여간 곤혹스럽지 않았다. 김 공의 아들은 화장실 가기가 쉽지 않았으므로 대충 볼 일을 마당에다 보았는가 본데 장미꽃 위로 소변이 뿌려졌다. 그 걸 보다 못한 장미가 귀신이 되어 김 공의 꿈에 나타나서 아들을 꾸짖어 달라는 이야기다.

　그러나, 한 번 더 읽어 보면 전혀 다른 뜻이 있다. '힘이 좋아 꽃나무 위쪽까지 오줌을 누니 꽃들이 다 시들어졌다.'라는 부분은 장미꽃에 대한 보호가 일견 들어있는 것 같지만, 사실은 아들의 욕정에 대한 경계가 들어있다. 다큰 아들이 동네에 있는 여자들을 탐하니 잘못하다가는 구설에 올라 집안 망신이 될 수 있다는 내용이다. 그러므로 장미 귀신이 나타나 김 공에게 속히 조치하라고 한다. '온갖 욕설과 입에 담지 못할 일'이란 아들의 행실이 바르지 못하다는 말이고, "지금 바로잡지 않으면 나중에 직접 아들을 해하겠다."라는 표현은 준엄한 경고라 하겠다. 그 말은 아들을 미리 훈계하고 단속하라는 말이다.

　미국 샌프란시스코에서는 2015년에 건물 3층 높이의 가로등이 노상 방뇨로 인해 부식되어서 넘어진 일도 있다고 한다. 그래서 시내 1만여 개의 가로등을 점검하는 일도 있었단다. 이탈리아에서는 노상 방뇨 벌금을 수천만 원을 매긴다고 하니 절대로 길거리에 볼일을 보는 일이 없지 싶다.

　예전에는 전봇대가 화장실 역할을 많이 했다. 술을 먹고 급한 김에 전봇대를 많이들 찾았다. 전봇대 지중화 사업으로 전봇대가 점점 지하에 묻히고 나서 그런지 노상 방뇨가 많이 사라졌다. 고백하자면 나도 그런 적이 있어서 여간 부끄럽지 않다. 전봇대 귀신을 만나지 않고 진작에 그런 일은 그만두었으니 다행이다.

사랑의 기도

 구십년대 초만 하더라도 대학을 졸업하면 취업이 쉬웠다. 경기가 호황이어서 대기업이나 중소기업 가리지 않고 사람이 필요한 시대였다. 어떤 친구는 대학 졸업과 동시에 서너 군데 합격해서 자신에게 가장 적합한 곳을 골라서 가는 예도 있었다. 하지만 IMF는 많은 사람을 실직자로 만들었다. 나도 그중 하나가 되었다. 살아갈 길이 막막했다. 낮에는 월간지 외판원과 보험설계사로, 밤에는 학원 강사로 뛰었지만, 능력이 부족했던 탓이었는지 월급은 이전의 회사에서 받던 급여의 절반에도 미치지 못했다. 어려운 시절이었다.

 옛날에 한 순진한 양반이 있었다. 글을 많이 읽어 박학다식하고 솔직한 사람이었지만, 도무지 뭘 할 줄 아는 게 없어서 집에서만 지냈다. 그래도 아내는 언젠가 남편이 관직에 오를 것을 믿었다. 하루는 아내가 있는 돈을 긁어모아 사람도 만나고 경험도 쌓으라며 그를 서울로 보냈다. 하지만 서울에서도 그는 사람 만나는 일이 두려워 주막에만 죽치고 있다가 그 돈을 다 축내고 돌아왔다. 아내가 서울에서 누굴 만났는지 물었을 때 그는 거짓으로 아무개를 만났는데 그가 평안감사가 되면 자신도 원님 자리 하나는 얻을 것이라고 말했다. 그 말을 들은 아내는 얼굴빛이 환해지며 그날 밤부터 밤하늘의 달을 보며 아무개가 평안감사가 되기만을 기도했다. 서울에서 내려오는 사람을 만나기만 하면 아무개가 어느 자리까지 올랐는지 물었다. 그런데 십 년이 지난 어느 날 아무개가 진짜로 평안감사가 되었다는 말을 들었다. 곧장 남편에게 달려가 그 사실을 알렸더니, 남편은 그 친구가 평안감사가 된 지 얼마 되지 않아서 바쁠 것이니 우선 편지부터 보내자고 둘러댔다. 그리고 자신의 우둔함과 아내에게 했던 거짓말과 아내의 십 년 동안의 기도에 관한 내용을 적어 보냈다. 그 편지를 받은 평안감사는 깜짝 놀랐다. 실제로 누군가가 자신을 위해 기도하는 꿈을 자주 꾸었기 때문이었다. 감사는 곧 사람을 보내 은혜를 갚고 그를 등용했다.

참으로 신기한 이야기다. 얼굴도 모르는 누군가를 위해 저렇게 열심히 기도를 드렸다니 말이다. 대단한 일이다. 이 글을 보는 사람들은 아내의 정성이 대단하다고 생각하겠지만 이 이야기의 핵심은 아내의 기도에 있지 않다. 바로 남편에 대한 믿음에 있다. 아내는 남편을 믿었다. 그가 비록 시골의 보잘것없는 양반으로 살고 있었지만, 그에 대한 무한한 신뢰를 품고 있었다. 그녀는 남편의 말을 철석같이 믿었다. 아마도 남편은 그런 아내를 보며 자기 잘못을 반성했을 것이다. 그래서 그도 변했음이 틀림없다. 아내에게는 비록 거짓말을 했으나 그간의 사실을 진솔하게 적어 평안감사에게 보냈다. 만약에 그가 또 다른 거짓말을 했다면 그런 결과는 없지 않았을까?

내가 제대로 된 직장을 얻지 못하고 이리저리 방황하고 있었을 때도 아내는 나를 믿었다고 했다. 한 권의 책을 팔지 못하고 온 날도, 학원의 수강생이 떨어져 나간 날도, 보험 계약을 받지 못했던 날도 늘 밝은 얼굴로 맞아주었다. 아내의 기도와 믿음 덕분에 지금은 아이들을 가르치는 교사가 되었다. 믿어주는 사람이 있다는 사실은 든든한 배경이 된다. 혹 지금 힘들더라도 누군가 당신을 믿고 있으며 당신을 위해서 기도하고 있다는 사실을 기억하시라. 삶은 그렇게 이어지는 것이니까.

우산 없는 집은 어떻게 살꼬?

이틀 전이 결혼기념일이었다. 공교롭게도 음력으로 지내는 내 생일과도 겹치는 날이었다. 결혼기념일을 그냥 넘어갈 수는 없는 노릇이고 또 생일도 지나갈 수는 없는 일이었는지 아내가 "그냥 퉁 칩시다." 한다. 내가 아내에게 줄 결혼기념일 선물과 아내가 줄 내 생일 선물을 서로 주고받지 말고 그냥 넘어가자는 말이다.

『필원잡기』에 재미난 이야기가 있다.

문정공 유관(柳寬)은 공정하고 청렴하여 비록 최상의 지위에 있었으나, 초가집 한 칸에 베옷과 짚신으로 생애가 담박하였다. 공무를 마친 여가에는 후생을 가르치기에 부지런하니, 제자들이 모여들었다. 와서 뵈려는 이가 있으면 고개만 끄덕일 뿐이요 성명은 묻지 않았다. 공의 집이 흥인문(興仁門) 밖에 있었는데, 그때 사국(史局)을 금륜사(金

輪寺)에 개설하였으니, 그 절은 성내에 있었다. 공이 역사를 편수하는 책임자가 되었는데, 일찍이 연보(軟帽)에 지팡이와 신을 갖추고 걸어서 다니며 수레와 말을 타지 아니하였다. 어떤 때는 청소년들을 데리고 시를 읊으며 오고가니, 사람들이 그 아량(雅量)에 탄복하였다. 그 절이 지금은 없어졌다. 일찍이 달이 넘도록 장마가 졌는데, 삼대처럼 집에 비가 줄줄 새었다. 공은 우산을 잡고 비를 가리며 부인을 돌아보고 말하기를, "우산이 없는 집은 어떻게 견딜꼬." 하니, 부인이 대꾸하기를, "우산 없는 집에는 반드시 미리 방비가 있을 것입니다." 하니 공이 껄껄 웃었다.

문정공 유관(柳寬)은 우의정에 이르렀으며 세종 임금 때에 청백리로 선정되었다. '공의 집이 흥인문(興仁門) 밖'에 있었다는 사실로 보아서 그는 성내가 아닌 성 밖 거주자였다. 지금으로 치자면 서울의 중심이 아니라 변두리에 살았다는 말이다. 비록 우의정을 지냈지만, 퇴직 후 역사 편찬 업무를 보기 위해서 금륜사까지 걸어 다녔다고 하니 그의 청렴을 알 수 있는 대목이다. 무엇보다 비가 새는 집에서 우산을 받치고는 "우산이 없는 집은 어떻게 견딜꼬." 했는데, 그의 아내가 "우산 없는 집에는 반드시 미리 방비가 있을 것입니다."라고 하는 문답에서는 아내의 시름이 엿보인다.

지위만 높을 뿐 경제관념이라고는 없는 남편을 두고 살림을 살았을 아내를 생각해 보면 공의 한심하기가 이루 말할 수 없다. 그런 남편을 끝까지 옆에서 두고 본 아내는 그래도 남편을 존경하고 믿었다. 문화재청의 자료에 따르면 그녀는 광주 안씨(廣州安氏)였다고 한다. 두 분의 묘소가 경기도 양평군 강하면 동오리에 있다. 쌍분으로 나란히 모셔져 있는 걸 보면 생전에 두 부부의 정이 돈독했음을 알 수 있다.

 왠지 손해를 보는 느낌인데도 아내의 제안을 거절할 수 없다. 어떻게 알았는지 멀리 광주 사는 처제가 우리의 결혼기념일이라고 돈을 십만 원 보냈다. 그 돈으로 저녁에 동네 초밥집에서 초밥을 배달시켜서 둘이 먹었다. 고작 만 원짜리 초밥에도 감격하는 아내를 보면서 비가 새는 집의 유 공처럼 괜히 미안하기 짝이 없다. 명품 아파트는 꿈도 꾸지 못하고 변두리 아파트를 옮겨 다니는 삶을 살았다. 그래도 만족하며 살아 준 아내가 고맙다. 유관의 처지도 같았지 싶다. 그런데 그는 우의정에 청백리라는 칭호를 받았으니 나와는 비할 바가 아니다. 이렇게 또 하루가 간다.

숙종의 두 가지 골칫거리

 살다 보면 힘든 사람이 있다. 만나기가 꺼려지는 사람이다. 다시는 만나고 싶지 않은데 반드시 만나야 하는 사람도 있다. 실제로 내가 보기 싫다면 보지 않으면 그만이다. 그런데 생계와 관련이 있다면 피할 수 없다. 옛날 숙종 임금에게도 꼴 보기 싫은 두 대상이 있었던 것 같다.

 『청성잡기』 제3권 성언(醒言)편에 보면 숙종 임금에 관한 일화가 있다.
 숙종이 일찍이 말씀하셨다. "나이 오십이 되도록 제 앞가림도 못하고 궁벽하게 사는 선비와 젊은 과부는 나도 겁내는 대상이다." 훌륭하도다, 왕의 말씀이여. 두려워할 대상을 아신 것이다.

 임금이 두려워하는 대상으로 나이 오십의 선비와 젊은

과부를 데려왔다. 임금이 두려워한 나이 오십의 선비는 두 가지의 문제가 있다. 하나는 제 앞가림을 못하는 것이며, 다른 하나는 궁벽하게 사는 것이다. 논어에 보면 공자는 오십을 지천명(地天命)이라고 했다. 하늘의 이치를 깨친다는 말이다. 그 말은 달리하면 세상의 이치를 깨닫고 그것에 맞게 세상을 살아가는 나이가 아닌가. 그런데 오십이 되어서도 제 앞가림을 못한다고 하니, 나잇값을 못 한다는 말이 되겠다. 또 하나는 궁벽하게 산다는 게 문젠데, 가정을 제대로 건사하지 못하는 경우다.

다른 두려운 대상은 젊은 과부다. 지금이라면 성차별적인 발언이라서 함부로 해서는 안 될 말이다. 그래도 옛날 임금이 그런 말을 했다고 하니, 그 이유가 궁금하다. 아마도 남편이 죽거나 다치고 자식은 어리니 물불 가리지 않고 사는 사람이라는 의미지 싶다. 다른 한편으로는 성과 관련된 이야기가 아닐까, 추측만 할 뿐이다.

하지만 임금이 한 말을 자세히 살펴보면 놀라운 단서 조항이 있다. 바로 '선비'라는 말이다. 그는 노론과 소론의 틈새에서 골머리를 앓았다. 아마도 이런저런 이유로 붕당 정치를 일삼는 노론과 소론의 선비를 빗대어 한 말이 아니었을까. 그뿐만 아니라 지방에서는 양반이랍시고 횡포를 일삼는 선비도 있었으니 숙종 임금에게 오십 줄에 접어든 양반들은 골칫거리였지 싶다. 박지원의 '양반전' 태동이 숙종 임금의 말씀이 아니었나 짐작한다. 또한, 젊은 과부는 유교를 정면에 내세운 왕조였으니 재가를 쉽게 허락하기도 어려웠을 테고, 무작정 허용했다가는 오십 줄의 빈한한 선비들한테 상소문을 받을 일이 걱정이었을 것이다.

그런데 숙종 임금의 여자관계를 살펴보면 그가 그런 말을 할 만도 하다. 첫 번째 아내인 인현왕후를 버렸고 두 번째 왕비가 된 장희빈을 다시 폐하면서 여러 여자를 생과부로 만들었다. 그 과정에 오십 줄의 선비들이 주도적인 역할을 했으니, 그에게 가장 두려운 대상은 노련한 선비와 생과부가 된 여자들(중전들)이었다.

다행히 나는 정당 관계자도 아니고, 임금도 아니어서 아내를 버릴 처지에 있지도 않으니 크게 걱정할 문제는 아니다. 다만 직장에서 내가 껄끄러운 대상이 되고 가정에서 내가 필요 없는 존재가 되지 않을까, 그것이 걱정이다.

남자구실

"얼굴 뜯어먹고 사는 것도 아닌데, 뭘 자꾸 얼굴 잘생긴 놈을 찾니?, 직업 좋고, 제발 돈 많은 남자를 만나야 한다. 너 할아버지 봐라, 내가 이날 이때까지 고생하잖아!" 어머니가 딸아이를 앞에 두고 하시는 말씀이다.

명절이면 어머니는 늘 손녀를 앉혀놓고 '남자구실'하는 놈을 잘 찾아야 한다며 전을 이리저리 뒤집으며 열변을 토하신다. 그 이면에는 아버지와 내가 미덥지 못하다는 의미가 다분히 깔려있다. 아버지는 "어허, 참."이라고 하시면서 그저 헛기침만 하실 뿐이다.

옛이야기에 〈구렁 덩덩 신 선비라〉는 구전 설화가 있다.

할머니가 아들 낳기를 소원해서 어느 날 아들을 낳았는데 알고 보니 구렁이였다. 불길했으나 아들을 정성껏 길렀다. 세월이 흘러 나이가 찬 아들이 양반집 셋째 딸과 결혼하고 싶다고 했다. 그러자 할머니는 아들의 소원대로 중매를 넣었는데 마침 셋째딸이 선뜻 시집오겠다고 했다. 그러자 신혼 첫날 밤 아들은 보란 듯이 허물을 벗고 잘생긴 미남자가 되었다. 그렇게 신랑은 낮에는 뱀으로 밤에는 사람으로 살다가 과거를 보러 떠났다. 떠나기 전에 허물을 절대로 다른 사람에게 보여주지 말라고 했는데, 그만 아내의 두 언니가 그걸 보곤 태워버렸다. 사실을 알게 된 신 선비는 사라졌고 아내는 남편을 찾아 나서게 되고, 저승까지 가서 남편을 찾았지만, 남편은 이미 결혼한 몸이었다. 하지만 두 번째 아내와 물 길어오기, 호랑이 눈썹 가져오기 등의 내기에 이겨 남편을 되찾고 행복하게 살았다.

이승과 저승을 오가는 환생 이야기이기도 하면서, 구렁이에서 멋있는 선비로 변하는 변신 이야기이기도 하다. 허물을 벗었으니, 진짜는 속에 들어있었다는 말이다. 양반집 딸은 겉모습보다는 사람의 내면을 알아보았다는 면에서 기인에 가까운 모습을 보여준다. 그뿐만 아니라 저승까지 가서 남편을 찾아오는 집념의 여성이다. 밭 갈기, 물 길어오기 등의 내용은 당시 여성들의 삶의 현장을 보여주는 내용이지만, 호랑이 눈썹까지 가져오는 내용에서는 신인(神人)의 모습을 보여준다. 한 남자를 향한 여인의 사랑 쟁취를 다룬 이야기이기도 하다.

그러나, 옛이야기는 다양한 것들을 우리에게 알려준다. 우선 '할머니가 아들을 낳았다.'라는 부분을 통해서 남아

선호사상을 엿볼 수 있다. 기도로 할머니가 아기를 가졌고, 그것도 아들을 낳았다는 내용으로 보아 우리 조상들이 얼마나 아들을 원했는지 알 수 있다. 게다가 못난 아들을 키우는 어머니의 정성을 보자. 구렁이로 태어난 아들을 길렀다고 하니, 남아(男兒)를 귀하게 여겼던 당시 풍속을 알 수 있다. 못난 아들이 양반집 셋째 딸에게 시집가고 싶다고 하자, 양반집으로 찾아가는 장면 또한 극적이지 않은가? 아예 우리라면 시도조차 해 보지 않겠지만, 이 어머니는 아들의 소원을 들어준다. 요즘 같으면 극성스러운 시어머니라며 모두 손사래를 치겠지만 사람을 알아본 셋째 딸은 어려운 시집살이를 선택한다. 못난 아들이나 바보 아들과 양반가 딸의 혼인은 우리 옛이야기에 자주 등장하는 소재이기도 하다. 못난 아들이 결국 며느리의 지혜로 훌륭하게 변하는 이야기는 흔한 편인데, 이 이야기는 거꾸로 못난 아들이 오히려 부잣집 딸을 튕기는 형세다. 그러므로 '구렁 덩덩 신 선비'는 당시 여성들에게는 최악의 이야기였지 싶다.

  세월이 많이 변했다. 돈 잘 버는 아들은 사돈집 아들, 이름난 아들은 나라 아들, 돈 못 벌고 빚 많은 아들은 내 아들이란다. 나는 세 가지 중에 굳이 고르라면 세 번째 아들쯤 되겠다. 그런데 신 선비처럼 낮에는 직장에서 땅바닥을 구르며 뱀처럼 비루하게 살아도 저녁에라도 남자 대접이라도 받으면 좋겠는데, 그마저도 어려우니 참 난감하기 이를 데 없다. 아버지나 나나 여자들 눈치 보기 급급하니 명절 설거짓거리가 나오면 얼른 옷소매를 걷어붙여야 할 일이다. 그렇게라도 하지 않으면 허물 벗은 아내가 쏙 사라질지도 모르니까.

3부
아이구, 이 양반아!

쟤가 예뻐? 내가 예뻐?

 드라마에 빠져 있던 아내가 별안간 묻는다. "쟤가 예뻐? 내가 예뻐?" 이럴 때는 응답이 빨라야 한다. 뻔한 답을 요구하므로 신속하게 대답해야 한다. 하지만 은근히 아내를 놀릴 양이면 당연히 티브이 속에 나오는 청순가련형의 주인공이 이쁘다고 대답한다. 그러면 아내는 눈을 흘기며 달려든다.
 사실 이런 질문 중 가장 곤란한 질문은 어머니와 아내가 물에 빠지면 누굴 먼저 구하겠냐는 질문이다. "거 참, 위험하게 물에는 왜 들어가? 눈에 먼저 띄는 사람부터 구해야지!"라고 대답한다면 그날 저녁은 알아서 해결하라는 답이 돌아올 게 뻔하다. "걱정하지 마! 나는 생존 수영뿐만 아니라 군에서 전투 수영까지 다 배웠기 때문에 두 사람 다 구할 수 있어."라며 너스레를 떨어 보지만 아내가 요구하는 답은 정해져 있다.

티브이 속 주인공이야 그림의 떡이며 아내는 언제든 내 곁에서 나의 일상을 보듬어 주며 나를 사랑해 주는 여인이니 당연히 아내가 이쁘다는 게 정답이다. 또한, 어머니는 아버지가 어련히 구하실까? 사실은 "당신은 여전히 이쁘고 사랑스러워."가 정답이다.

『고려사절요』를 읽다 보니 뜻밖의 내용이 눈길을 끈다.

충렬왕 1년(1275년) 종3품의 관리인 태부경 박유의 상소다.

"우리나라에는 남자가 적고 여자가 많은데 높은 이나 낮은 이가 한 아내만 둘 수 있어서, 아들이 없는 사람도 감히 첩을 두지 못합니다. 그러나 다른 나라 사람이 와서 아내를 얻는 데는 제한이 없으니, 신은 인물이 모두 장차 북쪽으로 흘러 나갈까 두렵습니다. 신하들에게 첩 두는 것을 허락하되 관품에 따라 그 수효를 감하여 서인에게는 일처일첩을 얻게 하며, 그 서처 소생의 아들도 조정에서 벼슬하는 것을 모두 적자와 같이하게 한다면, 짝이 없어 원망하는 남녀가 없어지고 인물이 밖으로 흘러 나가지 않아 인구가 점점 증가하게 될 것입니다." 이 상소문을 부녀자들이 듣고 모두 원망하며 두려워하였다. 이때 재상 가운데 아내를 무서워하는 자가 있어 그 의논을 중지시켜 실행하지 못하였다.

충렬왕 1년은 원 간섭기가 시작된 해다. 원의 침략으로 인해 남자들은 전쟁터로 내몰렸다. 그로 인해 남자가 부족했다. 이때를 틈타 태부경 박유는 일부일처(一夫一妻) 제도를 벗어나 일부다처제를 제도화하려고 상소를 올렸다. '관품에 따라 그 수효를 감하여'라고 상소했으니 저 위에 높으신 분들은 여러 명의 첩을 가질 수 있도록 하고, 저 아래로 내려가면 그저 한 명의 아내만을 가져야 한다는 소를 올린다. 하지만 가진 자들이 더 가지는 것은 부끄럽고 미안했던지 첩에게서 난 서자들도 모두 적자와 같이 조정에서 벼슬을 하게 하라고 왕을 조른다. 서자에게도 벼슬길을 터 주라는 말을 보면 아마도 일부 권력층은 이미 첩을 두고 있었던 것으로 보여진다. 그리고 또 하나 알 수 있는 사실은 그런 서자들이 당시에는 벼슬길에 오르지 못했던 것도 사실이겠다. 그러니 그의 전술이 참으로 교묘하다.

또 하나의 이유로 원나라에서 온 외국인들은 무한정으로 첩을 취하는 것이 못마땅하다는 것이다. 이 대목에서 원에서 온 관리들은 마구잡이로 우리의 여인들을 취하였음을 짐작할 수 있겠다. 변발하고 말을 부려 초원을 누비던 원나라의 무지막지한 장수들을 상상해 보면 그러고도 남을 일이다.

박유는 일부다처제를 시행하게 되면 인구가 늘어난다는 궤변도 늘어놓는다. 전후라 인구가 부족했던 탓도 한다.

하지만 이 모든 논의가 어느 재상의 제지로 멈춰진다. 아마도 재상은 아내로부터 '제정신인가요?'라는 말을 들었음이 틀림없다. 아니면 재상의 아내가 서열이 더 높지는 않았을까? 당시에는 원나라의 고위층 여인네들이 고려 귀족의 아내가 되는 경우가 있었다. 그런 경우 남편들은 원나라의 여인들을 홀대하지 못했다. 원래 유목 민족들은 여성의 지위를 남성보다 높게 쳤다고 한다. 사람이 귀하니 아이를 생산할 수 있는 여인들의 지위가 남자들보다 높았다. 하여튼, 이런저런 이유로 그 논의는 중단되었다.

우리나라 역사는 원 간섭기를 자세하게 다루지 않는다. 우리 역사에 있어서 일제의 식민지 시절만큼이나 처절한 역사였기 때문이다. 일본의 식민지 역사에서는 독립을 위해 항거하던 독립투사들이 많았다. 그러나 원 간섭기에는 원으로부터 독립하고자 하는 의지가 부족했다. 혼란의 시대였다. 오죽하면 일부 왕들이 원나라 조정에 의해 귀양 보내지고 심지어 옥에 갇혀 살았을까. 참으로 부끄러운 역사라 하겠다. 그런 가운데 권력의 정점에 있던 신하가 오로지 성욕을 채우고자 첩을 가지도록 하는 것을 제도화하자는 상소나 올리고 앉았으니 그 나라가 온전했을까?

이 글을 적는 와중에도 아내는 거실에서 드라마를 보며 또 누가 예쁜지 물을지도 모른다. 한 치의 망설임도 없이 빨리 정답을 말해야 한 주가 편안할 것 같다. 이 글이 이렇게도 눈에 들어오니 아마도 그때의 재상이 내가 아니었는지, 알 수 없는 세상이다.

메기와 아내

아버지와 어머니가 함께 사신 세월이 반백 년을 훌쩍 넘겼다. 평생을 "저 양반을 만나서 내가 폭삭 늙었다." 하시다가도 "어떻게 만나셨어요?"라고 물으면 어머니 얼굴에 미소가 먼저 지어진다. 아마도 처음 만남의 순간은 그렇게 싫지 않으셨나 보다. 시골에서 도시로 시집갈 수 있다는 희망과 잘 생기고 허우대가 멀쩡하니까 밥은 굶기지 않았을 것 같았다는 게 어머니 말씀이다. 그 이야기를 듣고 있는 아버지가 중간중간에 "그건 아니고",라며 끼어들면 "가만 좀 들어보소!" 이 양반아! 하고는 어머니가 또 말씀을 이어가신다.

옛이야기에 어느 부부가 강비탈을 걷고 있었다. 갑자기 강에서 커다란 메기 한 마리가 나타나서 신랑을 잡아먹으려고 했다. 이 때 아내가 메기를 막아서며 "네가 신랑을 데려가면 나는 어떻게 사느냐, 그러니 내가 먹고 살 것을 내놓아라."라고 했다. 메기는 육각형의 구슬을 내주었다. 첫 면에다 대고 쌀 나와라, 하면 쌀이 나오고, 두 번째 면에다 대고 옷 나와라, 하면 옷이 나오는 구슬이었다. 그런데 마지막 여섯 번째 면은 어떤 용도인지 가르쳐 주지 않았다. 아내가 끝까지 묻자, "그것은 미운 것을 없애주는 면"이라고 했다. 그러자 여자가 "너 죽어라." 하니 메기가 죽었다. 둘은 그 구슬을 가지고 잘 살았다.

아내의 기지로 잘살게 된 부부의 이야기다. 남편을 잡아먹으려는 메기에게 아내가 한바탕 소리를 지르니 메기가 육모 구슬을 준다. 그 안에서 온갖 먹을 것과 입을 것이 나온다. 게다가 아무런 저항도 하지 않는 무기력한 남편을 데려가려는 메기를 물리치는 아내의 모습에서 한 가정을 지키겠다는 강한 여성의 모습이 보인다. 아마도 이 남편은 아내 덕에 잘 살았을 것이다.

옛이야기가 전해주는 교훈이 깊이가 너무 깊어 가끔 놀랄 때가 많다. 이야기의 시작으로 들어가 보자. "어느 부부가 강비탈을 걷고 있었다."로 시작한다. 이 말은 결혼 생활이 강비탈을 걷는 것처럼 위태하다는 말이다. 어떤 구전에는 산비탈을 걷다가 짐승이나 여우를 만난다는 버전도 있다. 그만큼 결혼 생활은 순탄하지 않으며 늘 서로 힘을 합쳐야 갈 수 있는 길이라는 사실을 말해준다. 예를 들어 "평평한 길을 걷고 있었다."라고 한다면 메기나 여우가 나타날 리가 없고 위험에 빠질 리도 없다. 선조들은 서로 다른 길을 걸어온 남남이 만나서 부부가 되어 살아가는 길이 결코 쉬운 길이 아님을 진작에 알았다.

 아버지는 요즘 노치원에 다니신다. 어머니는 그 시간에 여유가 좀 있으신가 보다. 그래도 아버지가 돌아오실 시간이면 이것저것 먹을 것을 준비하시고 기다리시는 걸 보면 두 분은 강비탈이나 산비탈을 잘 올라서 이제는 좀 평평한 길을 가시는 것 같다. 다만 가시는 길이 좀 오래되면 좋겠는데, 그 길이 너무 짧지는 않을는지 걱정이다.

과연 그녀는 남편을 몰라봤을까?

 사람들은 누구나 일탈을 꿈꾼다. 권태가 와서 그럴 수도 있겠지만, 백 퍼센트 만족스러운 삶은 없기 때문이다. 아내는 가끔 이런 질문을 해서 사람을 곤란하게 한다. "다시 태어나도 나랑 결혼할 거야?" 당연히 대답은 "그럼!"이다. 대답이 조금이라도 늦거나 주춤댄다면 이미 당신은 진 것이다. 하얀 거짓말은 모두를 행복하게 하는 마법이 있다. "그럼"이라는 대답에는 실제로도 그렇다는 긍정의 의미가 담겨있다. 혹, "아니!"라고 대답할 때는 다음 세상에는 나보다 더 잘난 사람을 만나 풍요롭게 살라는 의미가 있겠다.
 『옹고집전』은 누구나가 다 아는 전래동화다. 부자인 옹고집은 어마어마한 부자임에도 불구하고 인색하기 짝이 없다. 게다가 심술도 이만저만이 아니다. 놀부와 하는 모양이 비등하다. 그런 집에 어느 날 노승이 찾아와서 시주를 부탁한다. 옹고집은 욕을 해대며 시주승을 매질하여 돌

려보낸다. 이에 화가 난 도승이 큰 쥐로 가짜 옹고집을 만든다. 진짜와 가짜가 너무 닮아서 아무도 누가 진짜인지 구분하지 못한다. 진짜 옹고집은 억울하기가 한도 끝도 없어서 관가에 소송을 낸다. 원님은 집의 살림살이와 조상들의 이름자를 물어보고는 대답하지 못하는 진짜 옹고집을 가짜로 재판한다. 쫓겨난 진짜 옹고집은 결국 스님을 찾아가서 잘못을 빈다. 해결책은 고양이였다. 고양이를 앞에 두자, 가짜 옹고집은 쥐로 변해 도망갔고 옹고집은 재산을 베풀며 오래 잘 살았다.

 이 이야기는 '욕심을 부리지 말고 나누고 베풀어라.'라는 교훈을 준다. 재산이 억만금이 있어도 아내와 자식들이 자신을 몰라보고 홀대한다면 소용없는 일이다. 주변 사람들도 다 옹고집을 욕한다. 배려라고는 없는 그의 모습에 이웃 사람들도 등을 돌린다. 집안의 세간 살림살이를 모두 다 알고 있는 남자는 없지 싶다. 게다가 증조부, 고조부 이름이 아니라 할아버지 이름조차도 모르는 사람이 많다. 그런데 가짜 옹고집은 모든 사실을 다 알고 있다.

 나중에 진짜 옹고집으로 밝혀진 옹고집은 아내에게 어떻게 남편도 몰라보느냐고 따지는 장면이 나온다. 아내는 정말로 남편을 몰랐을까? 아마도 아내는 진짜와 가짜를 진작에 알아보았을 것이다. '아이고, 이 양반아, 꼴 좋다.' 하면서 아내는 고집불통인 진짜 옹고집에게서 벗어나기를 원했을지도 모른다. 시집와서 아이들을 키우며 자신은 어떤 존재인가를 늘 고민하지 않았을까? 처음엔 진짜 옹고집이 아내에게 잘했을 것이다. 그러다가 언제부턴가 시들해졌을 것이고, 아내는 '이참에 확 남편을 바꿔봐', 하고 생각했겠다.

최근에 바쁘다는 핑계로 아내에게 뒷모습만 보여준 게 아닌가, 이러다가 영영 잊히는 것은 아닐까, 하는 생각이 들 때도 있다. 사실 나도 아내가 요리하거나 설거지하는 뒷모습만 보았으니, 앞모습을 본 적이 오래전이기도 하다. 이러다가 아내가 "당신 누구세요?" 하는 날이 오면 나는 누굴 찾아가야 할까? 요즘엔 믿을만한 도사도 없고 스승도 없으니, 인터넷이나 AI에게 물어봐야 하나 걱정이다. 지금부터라도 처음 만날 때의 모습으로 돌아가야겠다. 그것만이 살길이다.

사랑의 힘

 근무하는 직장에 귀신 잡는 해병대 출신이 몇 있다. 평상시에는 잘지내다가도 어떤 불리한 상황이 발생하면 서로 몇 기냐고 물으며 아웅다웅한다. 곁에서 보면 정말 사소한 일인데도 쩨쩨하게 기수를 따지는 걸 보면 대한민국 최고의 부대인 해병대 출신이 맞는지 궁금하다가도 금방 다시 화해하고 즐겁게 지내는 걸 보면 부럽기도 하다. 또한, 일을 겁내지 않고 해병대의 팔각모처럼 각 잡힌 행동을 할 때는 정말로 귀신이 두려워할 만하다는 생각이 들기도 한다.

 『삼국유사』에 「도화녀와 비형랑」 편이 있다. 등장인물은 신라의 제25대 진지 대왕이다. 진지 대왕은 진흥왕의 셋째 아들이다. 이야기를 읽어 보면, 미녀에게 약했던 왕이 그만 신하의 아내인 도화녀에게 빠져버렸다. 그래서 도화녀를 궁궐로 불렀다. 그런데 도화녀는 남편이 있다면서 수

청들기를 거절한다. 왕이 "남편이 없다면 수청을 들겠느냐?"라고 묻자, 그렇게 하겠다고 한다. 그런데 진지 대왕은 꿈을 이루기도 전에 죽었고, 두 해 후에 도화녀의 남편도 죽었다. 그러자 죽은 진지 대왕이 살아나서 도화녀 앞에 턱하고 모습을 보인다. 둘은 사랑을 나누고 그 결실로 비형랑이 태어난다. 비형랑이 똑똑하다고 소문이 났고 진지 대왕의 조카였던 제26대 진평 대왕은 비형랑을 집사로 임명했다. 밤마다 비형랑이 담을 넘어가서 귀신과 논다는 소문을 들은 왕은 비형랑에게 귀신 중에 똑똑한 자를 천거하라고 한다. 비형랑은 길달을 천거하고 그는 충신이 되었다. 하지만 나중에 여우로 변해 악행을 일삼던 길달은 비형랑에게 죽음을 맞이한다. 이후로 귀신들은 비형랑을 두려워했다.

참 황당하면서도 재미있는 이야기다. 진지왕과 진평왕은 실존 인물이라서 이야기의 신빙성이 있고 꼭 그랬던 것 같기만 하다. 그런데 귀신이 된 임금이 부활해서 산 사람과 사랑을 나누고 아이를 낳았다는 이야기를 믿을 사람은 하나도 없다. 뿐인가, 귀신(진지대왕)의 아들(비형랑)은 귀신일 뿐인데, 귀신(비형랑)이 귀신(길달)을 천거하여 충신이 되고 그 충신이 다시 여우로 변신한다는 터무니없는 설정이 재미를 더 한다.

이야기가 전개되는 과정이 왜 그런지 알기 위해서는 삼국유사(三國遺事)를 살펴보아야 한다. 삼국유사는 있었던 사실을 기록한 실록이 아니라 그냥 나라에 돌아다니던 일을 남긴(遺事) 책이다. 그러므로 사람들의 입으로 전해온 내용을 정리한 것이다. 지금이야 DNA 검사를 한다면 비형랑이 진짜 진지왕의 아들인지, 진평왕의 사촌인지 알 수 있겠지만, 당시에는 그런 기술이 없으니 그냥 넘어갈 수밖에 없다. 이런 이야기를 가지고 진실이니 아니니 따지고 들면, 더 무슨 이야기가 진행되겠는가? 그러니 옛 문헌에 나오는 이야기는 그 시절의 사람들이나 저자가 생각하고 느낀 바라고 여기는 것이 옳은 일이다.

귀신을 불러서 집사라는 벼슬을 주는 진평왕의 처지를 보자. 왕이 정사를 돌보는데 도무지 믿을 사람이 없었던 것은 아닐까? 그러니 신통방통한 귀신을 불러서 집사로 삼았지 싶다. 게다가 진지왕과 진평왕이 삼촌과 조카 사이였다면 비형랑과 진평왕은 서로 사촌 형제의 촌수가 된다. 이런 측면에서는 역시 '피는 물보다 진하다'는 교훈이 딱 들어맞는 이야기다. 여우가 되어서 왕을 배신한 길달을 죽이는 비형랑은 그래도 피가 섞인 사촌 형의 편을 드는 것이다.

그러나, 이 이야기에서 가장 재미있는 부분은 죽은 진지왕이 산 사람인 도화녀 앞에 나타나는 장면이다. 실제로 왕이라면 마음대로 권세를 휘두르는 자리니 도화녀를 강제해서 잠자리에 들일 수 있었지만, 지아비를 둔 도화녀와 죽은 후에야 그 사랑을 이룬다. 신라는 진골과 성골이 엄연히 존재했고 자신의 의도와는 관계없는 정략결혼의 시대였다. 사랑이 없는 결혼으로 진지왕은 그저 몸 사랑을 나누었을 뿐인데, 도화녀를 보고 진정 사랑에 빠진 것이었다. 도화녀의 말을 들어주는 장면은 정말 사랑하는 사람을 지켜주고 싶은 마음에 취했던 행동이 아니었을까? 후일 도화녀의 남편이 죽자, 귀신이 되어서 산자 앞에 나타나 자신의 마음을 표현한 것을 보면 간절한 사랑의 결실이 아닌가. 그런 사랑의 힘이 비형랑이라는 귀신도 두려워하는 인물을 낳은 형국이니 사랑의 힘은 이승과 저승의 경계를 허문다.

귀신 잡는 해병대 출신들도 집에서 오는 전화를 받고는 매우 공손해지고 쩔쩔매는 걸 보면 사랑 앞에서는 다들 어쩔 수 없는 모양이다. 사람 사는 일은 예나 지금이나 하나도 다르지 않다.

있을 때 잘해!

　러시아의 위대한 소설가라면 당연히 톨스토이를 꼽는다. 「전쟁과 평화」, 「부활」과 같은 명작품이 그의 작품이다. 그의 단편 「세 가지 질문」에서는 '당신에게 가장 중요한 순간은?' '당신에게 가장 소중한 사람은?' 그리고 '당신에게 있어서 가장 중요한 일은?'이라는 질문을 던진다. 물론 사람마다 생각하는 바가 다르고 겪어온 세월이 있으므로 질문에 대한 정답은 없다. 하지만 누구나 공감하는 답은 있지 않을까.

　옛이야기에 봉사와 앉은뱅이에 관한 일화가 있다. 그들은 늘 함께였는데 봉사는 앉은뱅이를 업고 다녔고, 앉은뱅이는 길 안내를 맡았다. 어느 날 길을 가다가 앉은뱅이가 황금 덩어리를 발견했다. 둘은 기뻐서 눈물을 흘렸다. 그러나 그것도 잠시 서로가 서로에게 황금 덩어리를 양보했다. 봉사는 앉은뱅이가 황금을 발견했으므로 황금을 앉은뱅이의 소유라고 했고, 앉은뱅이는 봉사가 자신을 업어서 여기까지 데려와 주었으니 봉사 소유라고 했다. 서로 다투다가 둘은 황금 덩어리는 그냥 그 자리에 놔두고 자신들보다 더 힘들게 사는 사람에게 황금 덩어리를 주자는 데 뜻을 모았다. 그래서 길을 가다가 배추 장사를 만났다. 배추 장사는 그날 한 포기도 팔지 못해 힘든 하루를 보내던 터였다. 두 사람은 배추 장사에게 황금 덩어리 이야기를 해 주었다. 배추 장사는 얼씨구나 하고 그 장소에 갔더니 뱀 한 마리가 똬리를 틀고 그를 노려보고 있었다. 배추 장사는 화가 나서 뱀을 두 동강을 내 버렸고, 돌아와서 두 사람에게 놀리지 말라며 소리를 질렀다. 그 말을 들은 둘은 의아해하며 다시 그 장소를 찾았고, 이번에는 거기에서 황금 두 덩어리를 발견했다. 둘은 부자가 되었고 더욱 의지하며 잘 살았다.

이 이야기의 교훈은 가장 가난한 두 사람이 자신들보다도 더 힘든 사람을 도와주고자 해서 복을 받는다는 것이다. 그렇지 않은가? 봉사와 앉은뱅이라니. 두 사람의 처지는 불을 보듯 뻔하다. 그런데 이야기를 살짝 돌려서 보자. 두 사람은 몸은 불편했지만, 최고의 친구를 둔 사람들이었다. 눈이 먼 친구가 걸을 수 없는 친구를 업어서 둘의 몸이 하나가 되었다. 비록 둘이 처한 현실은 말할 수 없을 만큼 비참하였으나 두 사람에게는 믿음이 있었다. 신의, 서로를 버리지 않는다는 믿음 말이다. 봉사는 길눈을 맡았던 앉은뱅이를 전적으로 믿었으며 그 믿음을 저버리지 않은 앉은뱅이는 봉사를 가장 적절한 길로 안내했다. 앞이 보이지 않으면 바깥세상으로 나오기가 쉽지 않으며, 걸을 수 없다면 길을 나선다는 것은 선뜻 내키지 않는 일이 아닌가. 하지만 둘은 서로를 도와 길을 나섰다. 서로에 대한 믿음이 있었기에 가능한 일이었다. 울타리 밖으로 서로를 믿고 나선 것이다.

만약 앉은뱅이가 봉사의 믿음을 저버리고 황금 덩어리를 가져갔다고 해 보자. 그렇다면 그는 당장에 큰 부자가 되었을 것이다. 하지만 그는 가장 든든한 조력자를 잃었음이 틀림없다. 순간 부(富)를 누릴 수는 있겠지만 봉사처럼 그가 믿고 업힐만한 사람이 있었을까? 아마도 주변 사람들이 서로 그를 업겠다고 해 놓고서는 어딘가에 그를 버려버리고는 황금을 다 차지했을지도 모를 일이다. 봉사의 입장에서도 황금 덩어리를 가지고 가서 부자는 될 수 있었겠지만, 눈먼 그를 진심으로 이곳저곳으로 데리고 다닐 사람이 있었을까? 황금 덩어리를 부여안고 더 깊은 암흑 속에 살았을 것이 뻔한 일이다.

언젠가 읽은 신문에서는 가족 간 민사소송이 하루 7건이 넘는다는 기사를 보았다. 주변에 금전 관계로 형제간에 혹은 부모와 자식 간에 친구 사이에 다툼이 있는 것을 본다.

돈 문제로 마음이 상하고 사람을 잃어버리고 평생 원망하며 살아야 한다니 안타깝기 그지없다.

자, 이제 답을 해야 할 차례다. 톨스토이는 가장 중요한 순간은 지금이며, 당신 옆에 있는 사람이 가장 소중한 사람이며 그와 함께 만들어 가는 일이 가장 중요한 일이라고 했다. 있을 때 잘해! 라는 노래가 쉽게 따라 불리는 것을 보면 지금 옆에 있는 사람에게 정성을 쏟아야 할 일이다. 세 가지 대답을 잘 실천하면 황금 덩어리보다 더 소중한 믿음직한 사람이 영원히 함께 할 것이다.

견우와 직녀는 어떻게 되었을까?

 드라마의 첫 회를 보고 두 사람의 관계가 어떻게 될 것인지, 대략의 전후 사정을 알아맞히는 아내를 보면 놀랍다. 아무리 봐도 닮지 않은 두 사람인데 나중에 알고 보면 남매지간이거나, 부잣집 아들이 가난한 집의 딸을 사랑한다든가 하는 이야기는 뻔하지 않은가? 그래도 계속 보게 되는 마력이 있다. 옆에서 "저게 말이 돼?" 하면서 거들면, 눈을 흘기며 "드라마를 이해 못 해요, 좀 조용히 해 주세요."라는 말이 돌아온다.

 우리가 잘 아는 옛이야기 중의 하나가 견우와 직녀다. 옥황상제의 딸 직녀와 세상에서 살면서 소를 키우는 견우가 사랑에 빠진다. 이를 알게 된 옥황상제는 두 사람을 서로 만날 수 없는 곳으로 보내버렸다. 직녀는 식음을 전폐하고 베 짜는 일을 그만두고 울기만 했고, 견우는 소는 버려두고 직녀를 그리워했다. 그러자 옥황상제는 두 사람이 오직

일 년에 하루 7월 7일만 만나게 해 주었다. 그런데 은하수가 있어서 서로 얼굴만 쳐다보고는 헤어져야 했다. 두 사람이 사랑은 하지만 만날 수가 없으니 하염없이 눈물만 흘려서, 지상에는 홍수가 났다. 이를 보다 못한 까마귀와 까치가 오작교라는 다리를 만들어 두 연인을 만나게 해 주었다.

슬픈 이야기다. 사랑하는 연인이 일 년에 한 번 밖에 만나지 못한다면 얼마나 애처로운가? 애틋함을 넘어서 슬픔이 몰려온다. 이 이야기를 들으면 누구나 가여운 두 연인의 사랑을 안타까워한다. 다행히도 까마귀와 까치가 오작교(烏鵲橋)를 만들어서 두 사람을 만나게 해 준다니 천만다행이기도 하다.

하지만 옛이야기는 우리에게 많은 사실을 알려준다. 먼저 옥황상제의 자리에서 보자. 곱게 키운 하늘나라의 공주가 저세상의 천한 농사꾼을 좋아한다고 하니 기가 찰 노릇이다. (집에 있는 딸이 직업이 변변찮은 신랑감을 구해 온다면 나도 고민이 되지 싶다) 그러나 딸의 사랑에 마음이 아팠던 옥황상제는 상사병으로 죽는 것보다는 사는 게 좋으니, 일 년에 한 번 만날 기회를 준다. 아버지로서는 최상의 선택이었다. 그리고 옥황상제는 또 까치와 까마귀를 동원해서 오작교를 만들어 준다. 이야기에서는 까치와 까마귀가 비가 너무 많이 와서 회의를 열었다고는 하지만, 얼마간 전능한 옥황상제의 명이 있었지 싶다. 그게 아버지의 마음이니까. 이야기가 더 길어졌다면 틀림없이 옥황상제는 견우를 불러와서 한자리 내주고 두 사람을 잘 살게 했을 것이다.

한 가지 더, 짚고 넘어갈 일이 있다. 은하수를 건너서 두 사람이 만나는데 까치와 까마귀를 동원했다. 사실 까치와 까마귀는 우리 전통에서는 서로 어울리지 않는 조류다. 까치는 좋은 소식을 전해주는 길조였지만 까마귀는 시체를 먹는 흉조가 아니었던가. 달라도 한참 다른 두 조류가 다리를 놓아준 것은 의미하는 바가 크다. 아마도 어느 임금님이 만들어 낸 이야기가 아닐까. 맨날천날 노론이니 소론이니, 남인이니 북인이니 하면서 척지고 사는 붕당에게 사랑 이야기를 핑계로 기회를 준 것은 아니었을까?

이야기가 너무 딴 데로 샜는지는 모르겠다. 취직한 지 일 년이 된 딸아이를 보면 그냥 옆에 끼고 살고 싶은 마음이 간절하다. 그래도 저를 정말 사랑해 주는 견우 같은 남자를 만나되 오작교와 같은 슬픈 사연 없이 그만그만하게 살면 걱정이 없겠다. 요즘 독서 모임에 나간다고 하는데, 책 읽는 남자라면 나한텐 일단 50점은 먹고 들어갈 것이다. 아내는 글쎄, 같이 드라마를 보며 눈물을 줄줄 흘려줄 남자라면 괜찮을까? 딸아이가 과년하니 별별 이야기에 다 솔깃해진다.

돌부처에게 비단을 팔다

　개인적으로 프로야구를 무척 좋아한다. 고향이 대구인 이유도 있고, 짧지만 삼성맨으로 근무한 적이 있어서 삼성라이온즈 팬이 되었다. 1982년에 프로야구가 개막했는데, 당시 삼성 라이온즈의 최고 선수는 개막전 홈런의 주인공 이만수 선수였다. 하지만 나의 마음속 에이스는 이선희 투수였다. 나는 열혈 꼬마 팬이 되어서 틈만 나면 아버지를 졸라 야구장에서 경기를 직관했다. 어느 날은 야구 경기가 끝나고 전용 버스에 탑승한 그를 보기 위해 경기장 밖에서 기다린 적이 있었다. 버스 중간쯤에 앉아 손을 차창 밖으로 내민 그를 발견하고는 악수를 청했는데 그가 내 손을 잡아 주었다.(당시에는 관광버스에 여닫이 창문이 있었다) 공을 얼마나 던졌는지 손바닥이 까끌까끌했다. 그 이후로 열성 팬들이 좋아하는 선수나 가수를 보면서 왜 눈물을 흘리는지 잘 알게 되었다. 요즘은 오승환 선수가 단연 화제다. 그의 별명이 '돌부처'다. 이기거나 지거나 얼굴에 변화가 없어서 붙여진 별명이다.

옛날에 한 바보가 있었다. 빈둥빈둥 놀고 있는 바보를 보다 못한 어머니는 집에 있는 돈을 긁어모아 그를 비단 장수로 나서게 했다. 어머니는 바보 아들에게 "무조건 한 필당 열 냥은 받아야 한다. 말이 많은 사람은 자꾸 깎으려 드는 사람이니 그런 사람에게는 팔지 말고 말이 없는 사람에게만 팔아라."라는 주의를 주었다. 바보는 저잣거리에서 비단을 팔고자 했으나 비단을 사러 오는 사람들이 "비단이 부드럽다, 색깔이 예쁘다."라며 말을 너무 많이 하는 통에 한 필도 팔지 않았다. 그러다 보니 밤이 늦어졌고 돌아오는 길에 작은 절을 지나게 되었다. 거기에는 돌부처가 말없이 서 있었다. 바보는 아무런 말도 하지 않는 돌부처에게 비단을 맡기고는 집으로 돌아왔다. 아들은 어머니에게 내일 돈을 받기로 했으니 걱정하지 말라는 말만 남기고는 쿨쿨 잠에 빠졌다. 다음 날, 당연히 돌부처 앞에 두었던 비단은 간 곳 없이 사라졌으며 한 푼의 돈도 없었다. 바보가 돈을 내놓으라고 돌부처를 잡고 흔들자, 돌부처가 툭 넘어졌고 그 자리에 금은보화가 가득 있었다. "아하, 이제야 돈을 내놓으시는군." 하고는 바보는 금은보화를 얻어 부자가 되었다. 그 절은 도적들의 소굴이었고 도적들이 금은보화를 돌부처 밑에 숨겨두고는 모두 관아에 잡혀갔던 것이었다.

이 이야기가 주는 교훈은 우직하게 살면 부자가 된다는 것이다. 그런데 옛이야기가 주는 교훈은 가만히 음미하면 그 깊이가 훨씬 깊다. 우선, 바보 아들을 비단 장수로 만드는 어머니의 자신감이 대단하지 않은가? 보통사람 같으면 아이가 좀 부족하다 싶으면 애가 타서 집안에서 끼고 돌기 쉽다. 온전한 아이라도 철저하게 보호하려고 한다. 밖은 위험하니까. 그런데 이 어머니는 바보 아들을 당당하게 세상에 내보낸다. 게다가 사람을 구별하는 방법도 일러준다. 그 방법은 아마도 어머니가 세상을 살면서 겪은 노하우가 틀림없다. 바보 아들은 또 어머니의 당부를 잘 따른다. 자신의 부족함을 알고 가르치는 대로 받아들인 것이다.

나의 우상이었던 이선희 투수나 오승환 투수의 공은 돌부처만큼 묵직했다. 그들이 야구판에서 보여주었던 투혼이 어머니의 바보 아들에 대한 믿음만큼이나 변함없는 직구로 다가온다. 야구든 비단 장사든 끝까지 가봐야 아는 것이다. 인생도 마찬가지 아닌가. 믿음이 있다면 우리 앞에도 돌부처가 턱 나타나지 않겠는가.

아비 그리울 때 보라

 얼마 전 사촌 형의 딸, 그러니까 나에게는 오촌 조카 되는 아이의 결혼식이 있었다. 화려한 조명이 눈을 부시게 했지만, 가장 눈부신 사람은 단연 신부였다. 아직 앳되어 보이는 신부라서 여간 곱지 않았다. 신부 입장 순서가 되자 사촌 형은 신부의 손을 잡고 조심스럽게 아주 천천히 걸어가서 새신랑에게 잡았던 손을 넘겨주었다. 형은 아무렇지 않은 척했지만, 그의 서운한 감정은 얼굴에 담담하게 드러났다.

 '아비 그리울 때 보라'는 옛이야기가 있다. 멀리 시집간 딸이 마침 여동생의 혼사가 있어서 친정에 들렀다. 그런데 그만 재미있는 이야기책에 푹 빠졌고, 다 읽지를 못하고 돌아가게 되었다. 태어나서 자란 고향 집을 뒤로하고 시집으로 떠나는 딸을 바라보던 아버지의 심장이 찢어지게 아팠다. 그래서 아들과 일가친척을 불러 속히 그 이야기책을 옮겨 적게 했다. 책이 완성되자 책의 첫머리에 '아비 그리울 때 보라'라고 적어서 시집간 딸에게 그 책을 보냈다는 이야기다.

아버지의 딸자식에 대한 절절한 사랑이 느껴지는 이야기다. 딸이 글을 읽을 수 있었다고 하니, 당시로서는 부잣집이거나 사대부가의 딸임이 분명하다. 얼마나 애지중지하며 키운 딸이었을까. 아버지의 정성도 대단하다. 일가친척까지 동원하여 책을 필사하게 했다니 말이다.

여기 또 하나의 옛이야기가 전해온다.

어느 노 재상의 이야기다. 시집간 딸이 일 년 만에 남편을 잃고 친정에 와서 살았다. 어느 날 아버지가 딸아이의 방을 지나다 보니 딸이 외간 남자를 불러들여 술을 따르고 대화를 나누는 게 아닌가. 그래서 가만히 방안을 들여다보았더니 딸이 솜인형을 팔에 안고 마치 신랑 대하듯 하며 혼자서 주거니 받거니 말을 나누고 있었다. 아버지는 자신의 하인 중에서 가장 똑똑하고 부지런한 자를 골라서 딸과 함께 멀리 보냈다. 당연히 상당한 금덩어리를 같이 보내주었다. 그런 후, 딸아이가 몸이 약해서 죽었다는 소문을 내고는 딸아이의 염은 혼자 하고 싶다며 모든 이를 물리치고 그 솜인형을 관에 넣어서 장사를 치렀다.

두 이야기 모두 딸아이에 대한 아버지의 사랑이 주제다. 사대부의 체통과 체면이 하늘을 찔렀던 조선시대이고, 딸을 출가외인이라고 부르며, 은장도를 혼수로 마련해 주던 시절이었다. 구전된 설화라고는 하지만 두 아버지가 하는 행동은 당대의 전통과 윤리를 벗어난 행동이다. 사대부의 딸과 천민과의 결혼은 더더욱 마음에 내키지 않았을 것이다. 그러나 두 아버지는 그런 유교적 사고방식을 버렸다. 신분이나 체면은 전혀 중요하지 않았다. 딸의 행복을 바라는 마음이 더 컸다. 자식의 행복보다 더 중요한 일은 없지 않은가.

이 이야기들은 조선시대의 작품이기도 하며 양반가에서 벌어지는 이야기다. 이야기책을 필사하게 하는 '양반 아버지'와 '노 재상'을 주인공으로 등장시키는 의미가 크다.

이야기꾼은 유교의 선봉장 재상을 글머리에 불러왔으니, 반전도 이런 반전이 없다. 그당시의 사회 구조, 분위기, 양반이라는 허울이나 체면도 자식에 대한 사랑은 거스를 수 없다는 이야기다.

딸아이를 가장 사랑하는 사람이 고운 손을 건네주는 아버지일까, 아니면 새신랑일까? 한 여자를 사이에 둔 두 사람이 마음의 힘겨루기를 지속하길 바랄 뿐이다.

지렁이 갈빗대

요즘 터무니없는 일들이 자주 일어난다. 아내의 말을 빌리자면 "한 개에 삼천 원을 넘어가는 사과가 말이 돼?"라거나 "아파트에 철근이 없는 순살 아파트가 뭐야, 말이 돼?"와 같은 것들이다. 가파른 물가 상승을 이야기하는 것이지만 속뜻은 "월급이 왜 이렇게 안 올라, 말이 돼?"라는 뜻이겠다. 우리 속담에 '지렁이 갈빗대 같다.'라는 말이 있다. 지렁이에게 척추동물처럼 갈빗대가 있을 리 없으니 '말도 안 되는 일, 앞뒤가 맞지 않는 이치'를 따질 때 사용하는 표현이다.

『삼국유사』에 나오는 이야기다.

예쁜 처녀에게 근심이 생겼다. 밤만 되면 자주색 옷을 입은 남자가 자신의 방으로 들어와서 잠을 자고 가는 것이었다. 몇 날 며칠을 근심하고 있던 차에 부모가 딸에게 무슨 걱정이 있느냐고 물었다. 사실대로 고백했더니, 아버지는 바늘에 실을 꿰어 그 남자의 옷에 꽂아두라고 했다. 여지없이 그날 밤에도 남자가 찾아왔고 딸은 남자 몰래 바늘을 남자의 두루마기에 꽂았다. 다음 날 실을 따라가 보았더니 커다란 지렁이가 꿈틀거리고 있었다. 그리고 처녀는 임신하고 출산했는데 그 아이가 후백제의 시조인 견훤왕이었다.

무슨 '지렁이 갈빗대' 같은 이야기냐고 웃어넘기겠지만, 이것은 엄연히 『삼국유사』 기이 제2에 나오는 「후백제와 견훤」 편의 일부이다. 당연히 고려의 승려 '일연'이 지었으므로 고려에 흡수된 후백제 이야기로 비하된 부분이 없지 않아 있지 싶다. 그러나 동물과 정을 통해 아이를 낳은 영웅의 탄생 신화가 틀림없다. 그런데 용도 아니고 지렁이 탄생 설화이니 신화치고는 좀 약해 보인다. 하지만 지렁이는 다른 말로 '지룡(地龍)'이라고 불린다. 바다의 용을 '해룡(海龍)'이라 부르고, 연못의 용을 '지룡(池龍)'이라 일컫는 것과 견주어 본다면 일연 선사가 크게 양보하여 한 나라의 왕을 그나마 용에 비유했음을 알 수 있다.

그러나, 이 이야기에 숨어있는 반전을 찾아보자. 나날이 야위어 가고 안색이 어두워지는 딸의 모습에 근심하는 부모를 찾았는가? 딸에게 그 이유를 물었더니 밤마다 자색 옷을 입은 미남자가 찾아온다고 한다. 딸의 근심을 알아챈

부모는 해결책도 함께 마련해 준다. 바늘과 실은 또 어떤가? 당연히 하나만 있어서는 그 소용되는 곳이 거의 없다. 반드시 둘이 붙어있어야만 용도가 분명해진다. 그러니 이 탄생 신화는 부모의 사위 고르기에서 나온 이야기라고 보아도 무방하겠다.

 딸 가진 부모로서는 든든한 사위를 맞으면 좋은 일이다. '지렁이 갈빗대' 같은 사위가 들어오면 큰일 날 일이다. 하지만 지렁이처럼 부지런히 땅속을 헤집고 다니며 흙을 비옥하게 만들어 오만가지 꽃들을, 식물을 피워내는 사람이라면 흔쾌히 승낙하겠다. 그래서 바늘에 실 가듯 그렇게 살면 좋겠다. 욕심인 줄 알지만 내려놓기가 어렵다.

며느리 사랑은 시아버지!

 어머니가 숙원사업으로 여기시던 무릎 인공 관절 수술을 받으셨다. 워낙 닳고 닳은 무릎이라 장기간의 치료가 필요한 모양이어서 아버지는 졸지에 홀아비가 되셨다. 외며느리인 아내는 첫 주에는 소고기를 넣은 곰국을, 다음 주에는 냉이된장국을, 그리고 그다음 주에는 굴을 넣은 미역국을 끓였고 나는 성실한 배달부가 되었다. 여든을 훌쩍 넘긴 아버지를 홀로 두고 나올라치면 괜히 미안해지고 콧등이 시렸다. 괄괄하시던 성격은 어디 멀리 귀향 보내고 지금은 고분고분한 노인네가 되신 것을 보니 마음이 더 아릿하다.

 『청구야담』에 며느리를 뽑는 광고를 낸 시아버지에 관한 이야기가 있다.
 아들이 반 푼어치로 좀 모자라서 이 아버지는 좋은 며느리를 뽑는 것이 숙제였다. 바보 아들과 육 개월을 살아내면 며느리의 집에 후한 재물과 땅을 주겠다는 광고였다. 단, 조건이 있었다. 두 사람이 먹을 석 달 치 양식만 제공하고 거기에다가 하인까지 하나 붙여 주는 것이었다. 첫 번째와 두 번째 며느리는 채 두 달을 채우지 못하고 살림을 거덜 냈다. 그런데 세 번째로 뽑힌 며느리는 달랐다. 앞의 두 며느리는 아껴 먹느라 죽을 해 먹거나 아주 적은 양의 밥만 해 먹었지만, 이 며느리는 쌀밥을 고봉으로 지어 먹고, 고깃국도 양껏 끓였다. 보다 못한 하인이 채 한 달도 못 버틴다며 말렸지만, 며느리는 아랑곳없이 진수성찬을 두 장정에게 베풀었다. 그러고는 배부른 하인과 신랑에게 도끼와 지게를 주며 나무를 해 오라고 시켰다. 불을 때고 남은 나무 장작은 물론 시장에 내다 팔았다. 돈이 좀 모이자, 며느리는 베틀을 사서 길쌈을 해 옷감을 만들었다. 살림을 내주고 석 달이 지나도록 소식이 없자 시아버지는 궁금해서 그 집을 찾아가 보았다. 멀리서부터 고깃국 냄새가 진동했고 아들과 하인은 얼굴이 번드레했다. 자초지종을 들은 시아버지는 며느리에게 자기 집 곳간 열쇠를 넘겨 주었다. 추수 때가 되자 소작농들이 소작료로 볏섬을 가지고 왔다. 며느리는 고깃국을 끓이고 막걸리를 준비하여 그들을 융숭하게 대접했다. 그러고는 가지고 온 볏섬을 창고에 좀 쟁여달라고 부탁했고 소작농들은 기꺼이 정리해 주어 따로 품을 팔 필요도 없었다.

재미난 이야기다. 대개 사람들은 "며느리가 참 똑똑하구먼, 집안을 살렸어!"라고 한다. 현명한 며느리가 들어와서 가세를 번듯하게 일으켜 세우는 옛이야기다. 하지만 살짝만 생각을 달리하면 바보 아들을 둔 아버지의 안타까움이 만들어 낸 지혜가 돋보인다. 세상 모르는 아들에 대한 걱정이 이만저만이 아니었을 터다. 그저 한탄만 하며 바보 아들에게 재산을 물려주었다가는 순식간에 알거지가 되고 혼자남은 아들은 살아가는 것이 힘들었을 게 뻔한 일 아닌가. 그래서 그는 생각을 바꾸었다. 바보 아들을 공부시키고 훈육하여 이 세상을 살아가게 하는 것이 아니라, 사람을 잘 들임으로써 집안을 살리고자 했다. 한 가정을 건사할 며느리를 뽑으려고 노력한 시아버지의 모습이 눈에 선하다. 이 모든 일이 바보 아들에 대한 사랑으로 시작된 일이었다.

항간에 아들에게 재산이나 금전을 물려주려다가 구설에 오르내리는 아버지들이 제법 있는 모양이다. 세상에서 정신적으로 존경받던 분들도 있어서 안타깝다. 자식 사랑이야 내리사랑이니 어쩔 수 없다고 하더라도 그 방법이 그릇되었다면 비난을 받을 수밖에 없다. 또한, 가정이든 직장이든 사람을 들이는 일이 이처럼 중요하다. 한 사람을 잘

들이면 가정과 주변이 모두 편안해진다. 보고 또 보고 가려서 뽑을 일이다.

아내는 오늘은 콩나물을 볶고 무나물을 데치는 중이다. 아버지가 좋아하시는 비빔밥을 만들 재료들이다. 아버지는 평소에 아내에게 "고맙다!"라는 말씀을 자주 하신다. 며느리 사랑은 시아버지라고들 하는데 그 말이 과연 틀린 말은 아닌 것 같다. 신발을 신는 와중에도 "보자기를 기울이면 국물이 쏟아지니까 한 손으로 받쳐서 들어요!"라는 말이 뒤통수에 살갑게 따라온다.

책 읽는 아버지

　아이들이 어렸을 때 나는 좋은 아버지가 되지 못했다. 항상 일을 핑계로 늦은 귀가를 하고 주말에도 취미생활로, 술자리 약속으로 바빴다. 집에 아이들과 아내만 남겨둔 날이 많았다. 지금 그때를 떠 올리면 아내와 아이들에게 미안하다. 세월이 지나서 큰아이는 전공을 살려 제 밥벌이하고 작은 아이는 제 앞길을 준비 중이다. 잘 자라 주어서 고맙다.

　『청구야담』에 아이들을 위해서 집을 옮겨 다닌 한 어머니에 대한 옛이야기가 있다. 그녀는 시골 대갓집의 하녀였다. 어느 날 주인어른이 죽자, 옛 친구라며 한 스님이 찾아와 친구를 위해 명당자리를 점지해 주었다. 하지만 장손은 그의 말을 무시하고 다른 곳에 묘를 썼다. 저녁상을 나르다가 하녀는 두 사람의 이야기를 우연히 들었고 그 자리에 자신의 아버지 유골을 몰래 가져가다 묻었다. 이장한 사실이 발각될까 두려운 나머지 하녀와 그녀의 어머니는 서울로 도망을 갔다. 두 사람은 밤낮으로 길쌈을 했고 솜씨가 좋아 소문이 나면서 많은 돈을 벌었다. 그리고 그녀는 조실부모하여 떠돌아다니던 몰락한 양반가의 총각을 남편으로 얻었다. 세 아들이 말문을 틀 즈음 그녀는 정승 집 옆으로 집을 옮겼다. 아내는 글을 모르는 남편에게 사시사철 사모관대를 갖춘 후 주역을 펼쳐놓고 글 읽는 시늉을 하라고 했다. 물론 아이들도 밤낮으로 아버지를 따라 책을 읽었다. 곧, 옆집 사는 정승이 소문을 듣고 그를 대단한 학자로 예우해 주었다. 후일 그의 세 아들은 판서와 정승이 되었다.

이 이야기는 본래 명당이야기다. 명당이란 자손들이 조상을 좋은 곳에 모시면 후대가 복을 받는다는 곳이다. 복 중에 최고의 복은 당대가 잘 되는 것이 아니라 나로 인해 후대나 주변 사람들이 복을 받는 것이다. 자세히 살펴보면 하녀는 믿음이 있었다. 대갓집의 장손은 스스로 좋은 곳을 택했지만, 하녀는 스님의 말을 철석같이 믿었다. 그러나 모든 일이 그렇듯 믿음만으로 후대가 복을 받는 일은 없다. 바로 행함이 있었다. 모녀는 부지런히 길쌈을 하여 좋은 평판을 얻었다. 서울 한복판 정승이 사는 명문가 옆으로 이사를 할 정도였다면 모녀가 얼마나 많은 고생을 했는지는 명약관화다.

여기까지만 보면 아내의 덕이려니 하겠다. 지혜롭고 성실한 아내로 인해 한 가정이 명문가가 되었으니 그렇게 생각하는 것이 당연하다. 그러나 뒤집어 보면 정작 이 글의 주인공은 남편이 아닐까? 여름이나 겨울이나 때를 가리지 않고 사모관대를 갖추는 일이 여간해서는 하기가 어려운 일이다. 한여름의 더위는 예나 지금이나 다르지 않을 터 여러 겹의 복장이 거추장스러웠음은 말할 필요도 없다. 땀이 물 흐르듯 흘렀을 것이다. 게다가 옛날이었으니 지금처럼 의자가 있을 리도 만무했다. 그저 자세를 바르게 하고 수십 년 동안 한자리에서 뜻도 모르는 글을 읽는 체했다. 우둔하지만 그의 아내 사랑이 대단하다. 어지간한 공처가는 얼굴 내밀기가 어렵겠다.

실제로 동서양을 막론하고 고전이나 명작을 보면 아버지의 부재가 부지기수다. 신데렐라의 아버지도, 장화 홍련의 아버지도 존재가 유명무실하다. 춘향의 아버지 성진사는 모녀를 버렸다고 하는 것이 맞겠다. 게다가 심청의 아버지 심봉사는 자신을 위해 딸을 공양미 삼백 석에 넘겼지 않은가? 그런 의미에서 보면 이 이야기 속의 아버지는 제대로 된 가장 노릇을 하는 셈이다.

나도 전자의 아버지들과 마찬가지였다. 투명 인간이나 다름없었다. 뒷북을 치는 것 같지만, 요즘엔 글쓰기와 독서 모임을 기웃거린다. 뒤늦게나마 책을 읽고 글을 쓰는 모습을 아이들에게 보여주어 참으로 다행이다 싶다. 먼 훗날 어떤 아버지였느냐는 물음에 책 읽는 아버지로 기억된다면 그보다 더 찬사는 없겠다.

우렁이 각시

　집에 있는 딸아이가 탈출을 꿈꾼다. 제 말에 따르면 지금 사는 지방이 활력이 떨어진단다. 한 달에도 여러 번 서울 출장을 가는 모양인데, 출장을 가보면 번잡하기는 하지만 왁자지껄하고 웅성웅성하면서 사람 사는 맛이 난다고 한다. 월급이 얼마 되지도 않는데 서울 살림살이에 그 월급으로 되겠냐고 물어도 막무가내다.
　우리가 잘 아는 우렁각시 이야기가 있다. 시골 총각이 모를 심으면서 "농사를 지어서 누구랑 먹고살지?" 하고 운을 떼자, 우렁이가 "나랑 먹고살지." 하면서 답을 한다. 총각은 지나가는 이가 밟을 수도 있고, 그 모양이 신기하기도 해서 집 항아리에 우렁이를 넣어두었다. 다음날 농사일을 마치고 온 총각은 풍성하게 차려진 밥상과 깔끔해진 집을 보고 놀랐다. 누가 그러나 싶어서 자세히 살펴보니 우렁이 각시가 그런 것이었다. 그길로 총각이 청혼하자 우렁각시는 자신이 용왕의 딸이며 인간 세상으로 구경을 나왔다가 아버지의 벌을 받게 되었다는 사실을 털어놓았다. 두 사람은 결혼해서 잘 살았으나 사또가 예쁜 각시를 빼앗으려 했다. 그러나 신랑은 사또와의 내기에서 용왕의 도움으로 사또를 이기고 잘 살았다.

신기한 이류혼인담(異類婚姻談)이다. 지나가는 사람의 발에 우렁이가 밟힐 것을 걱정한 농부가 그 덕에 예쁜 아내를 얻고 행복하게 사는 이야기다. 하지만 이야기를 곰곰이 읽어 보면 놀랄 일이 있다. 먼저 우렁각시가 된 사연이다. 우렁각시는 세상 구경을 하고 싶어 나왔다가 벌을 받았다. 이야기 속에서 용왕이 사는 곳이 작은 연못이고 보면 우렁각시는 세상일에 관심이 많았던가 보다. 하지만 경계를 넘어서면 각오해야 할 일이 있다. 고생길이다. 연못이라는 아늑한 곳에 살다가 밖으로 나와 농부의 아내가 된 우렁각시는 온갖 궂은일을 다 한다. 아버지의 경고를 무시한 대가다.

세상의 모든 아버지는 딸이 행복하게 살기를 바란다. 딸바보라는 말이 그냥 나온 말이 아니다. 요 모양 조 모양으로 젊음을 한껏 뽐내며 외출하는 딸을 보면 예쁘기도 하지만 마냥 좋은 것만은 아니다. 용왕이 세상 구경을 나서는 딸에게 벌을 내린 이유는 인간 세상이 험하다는 사실을 잘 알고 있었기 때문이다. 자신이 원래 사는 곳을 벗어난다면, 감당하기 어려운 일들이 기다리고 있음을 용왕은 진작에 알고 있었다. 그러므로 그는 딸이 경계를 넘어서지 않기를 바랐는지도 모르겠다. 하지만, 딸은 제가 원하는 세상으로 가버렸다. 가난한 농부의 아내가 되어 온갖 허드렛일을 하면서 살아간다. 그러다가 사악한 사또와 힘든 일을 겪는다. 그때 용왕은 자신이 할 수 있는 모든 초능력을 발휘한다. 사위를 도와주는 일은 결국 딸이 행복하게 살도록 도와주는 것이다.

나는 딸이 연못이나 항아리 속처럼 갑갑한 곳에 살기를 원치 않는다. 제 꿈을 펼칠 수 있다면 세상 밖으로 경계를 넘어 날아가기를 바란다. 하지만 아버지니까, 주변의 모든 사물이 다 염려되는 건 어쩔 수가 없다. 돌아가신 장인도 아마 그런 마음이었지 싶다. 나를 가난한 농부로 보시지는 않았는지. 나야 우렁각시를 얻어 평안한 삶을 살지만, 우렁각시는 또 무슨 고생인지, 심히 두렵기도 하다. 사람의 마음이 참 간사하다.

아들의 결심

 아버지가 노년에 업으로 하신 일은 운전이었다. 노란 봉고차를 몰고 아침저녁으로, 때로는 예닐곱 명의 손님들을 모시고 전국의 관광지로 다니셨다. 평생토록 돈을 벌어온 적이 없다며 아버지를 못마땅해하시던 어머니도 이때만큼은 얼굴에 화색이 도셨다.
 최근에 아버지가 가끔 정신을 잃고 쓰러지신다는 이야기는 들었지만, 연세가 들어서 그러려니 하는 생각이었다. 그런데 큰 병원의 종합검진에서 위암이 발견되었다. 즉시 수술 날짜를 잡고 암 덩어리를 잘라냈는데, 노령에 큰 수술이어서 다니시는 걸음이 다소 힘들게 되었다. 그래도 어디로 다니실 때는 꼭 차를 가지고 다니셨다. "얼른 운전면허증을 반납해야 한다, 언제 사고가 날지 모른다, 이런 건 맏이가 해결해야 한다."라는 말들이 주변에서 들려왔다. 아버지는 당신의 운전 경력이 사십 년을 넘어가고 젊은 시

절 택시 운전에, 학원 차 운전까지 했는데 운전만큼은 양보할 수 없다며 완강하게 운전면허증 반납을 거부하셨다.

『청구야담』에 아버지를 찾아가는 이야기가 있다.

비가 억수같이 오는 날이라 사람들이 약방의 처마 밑으로 피신했다. 약방 일을 도와주던 김 서방은 하염없이 오는 비를 쳐다보며 옛날 충청도 어느 집 밑에서 만났던 비와 똑같다며 혼잣말로 중얼거렸다. 그러자 옆에서 그 말을 들은 최 서방이 아니 비 오는 거야 똑같지, 어느 집 밑에서 만났던 비와 똑같다니 그게 무슨 말이냐며 눈을 흘겼다. 그러자 김 서방은 "충청도 어느 산골에서 약초를 캐고 내려오다가 비를 만났다. 그 비를 피하려고 어느 집 처마 밑으로 들어갔고, 추위에 떠는 나를 본 그 집 처녀의 호의로 밥을 얻어먹고 어쩌다 보니 하룻밤 인연을 쌓고 떠났다."라는 이야기를 약방에 모인 사람들에게 했다. 그러자 한 젊은이가 혹시 오른쪽 허벅지 아래 검은 점이 있는지 물어보는 것이었다. 자신의 어머니가 그런 일이 있었고 그래서 아버지를 찾아 나섰다는 것이었다. 결국 두 사람은 부자지간이 맞았고 김 서방은 충청도 시골로 내려가 잘 살았다는 이야기다.

이 이야기가 전해주는 내용은 후일 이효석의 『메밀꽃 필

무렵』의 모티프가 되었는지도 모르겠다. 이야기는 단순한 서사로 끝을 맺는다. 그러나 우리는 금방 이 글이 전해주는 교훈을 눈치챌 수 있다. 아버지를 찾아 나선 아들의 결심 말이다. 지금처럼 초고속의 인터넷 검색시대도 아니며 교통이 편리한 시절도 아니었다. 다만 '오른쪽 허벅지 아래의 검은 점' 하나 알고 전국의 약방을 다 돌아다닌 아들의 정성이 통했다는 것이다. 그것은 바로 반드시 찾을 수 있다는 '믿음'에서 나온 것이다. 믿음이 없었다면 결코 이루어질 수 없는 일이 아닌가.

지난주에 기어코 아버지의 자동차 키를 받아왔다. 운전면허증을 반납하시겠다는 약속도 받았다. 아버지가 아들의 말을 믿어주시니 고맙다. 아버지의 건강도 걱정이었지만 사실은 상황적인 문제도 내 마음에는 있었다. 사고가 나거나 하면 그 일을 처리하러 다닐 일이 불 보듯 뻔했기 때문이었다. 아버지가 자동차 열쇠를 내어 주실 때는 아마도 그런 아들의 불평까지 다 이해하셨을 것이다. 아이들이 시집 장가가서 그 아이들이 쑥쑥 자랄 때까지 오래도록 옆에 계시면 좋겠다.

솔로몬의 지혜, 승상의 지혜

 성경에 나오는 인물 중 가장 지혜로운 인물은 단연코 솔로몬이다. 어느 날 솔로몬에게 두 여자가 찾아와 서로 자신의 아이라며 재판을 건다. 솔로몬은 아이를 둘로 갈라서 반반씩 가지라고 하자 한 여자가 양보한다. 그러자 솔로몬은 양보한 여자가 아기의 엄마라고 판결한다. 대단히 지혜로운 판결이다. 그런데, 그런 판결이 저 먼 나라 땅에서만 있었던 것이 아니다.

 『추측록』에 다음 이야기가 전해져 온다.
 영천(穎川)에 부자가 있었는데 형제가 동거하였다. 두 부인이 모두 임신하였는데, 장부(長婦)는 낙태하고도 그것을 숨기고 있다가 제부(弟婦)가 낳은 아들을 밤에 도적질하였다. 다투어 송사한 지 3년이 되었더니, 승상 황폐(黃霸)가 청당에 나아가 앉아서 사졸을 시켜 아이를 안아다 각각

10보가 떨어진 두 부인의 중간에 놓고 부인들에게 '너희들이 누구든지 먼저 데려가라.' 하였다. 장부가 매우 급박하게 가서 마구 붙잡으니, 아이가 크게 울었다. 제부는 아이가 다치지나 않을까 두려워하며 그대로 놓고서는 매우 슬퍼하였고, 장부는 대단히 좋아하였다. 이에 황폐가 '이 아이는 아우의 아들이다.' 하고, 장부를 꾸짖어 심문하니, 이에 복죄하였다. 이것은 사람에게 자애하는 천륜이 있는 것을 헤아려 그 실정을 얻은 것이니, 이것을 미루어 행한다면 지극한 인정에서 발하는 것이 어찌 다만 이 한 가지 일일 뿐이랴.

『추측록』은 1836년 최한기가 적었다. 시작이 재미있다. 영천에 부자가 있었다고 한다. 요즘 같으면 어림없는 일이지만, 옛날에는 여러 세대가 모여 살았다. 게다가 이 집은 부자여서 재산 문제가 있었던가 보다. 그러니 유독 '부자'라는 말을 앞에다 두었다. 이 집에도 큰아들과 둘째 아들이 한집에 살았는데, 그들의 처가 모두 임신했다. 그런데 큰아들의 아내는 아이를 낙태했고, 둘째 아들의 아내는 아들을 낳았다. 욕심인지 시샘인지 장부는 그만 아기를 훔치고 말았다. 이것이 사건의 시작이었다.

승상 황폐가 부모의 마음을 이용해서 누가 진짜 어미인지를 밝혀낸다. 진짜는 늘 본질 그 자체에 있다. 아기의 진짜 엄마는 행여 아기가 다칠까 함부로 붙잡을 수 없었지만, 거짓 어미의 마음은 돈에 있었으므로 아기의 울부짖음은 중요하지 않았다. 세상 모든 이치가 다 그렇다. 무엇이든 그 본질을 볼 줄 알아야 한다.

그러므로 이 이야기가 전해주는 교훈은 승상의 지혜로운 판결이지만, 사실은 본질이 무엇인지 알면서 살아가라는 것이다.

이스라엘의 솔로몬 왕이나 중국의 승상 황폐는 다른 시간, 다른 땅에 살았던 사람들이지만, 본질을 잘 알았던 지혜로운 사람들이었다. 그러므로 세월이 지나도 칭송받는다. 그런데, 성경의 기자나 『추측록』의 저자인 최한기가 없었더라면 우리는 이렇게 재미있는 이야기를 들을 수 없는 일 아닌가? 작가의 본질(효용가치)은 바로 적는 일에 있다.

파리 사또

초등학교 시절 가장 힘든 일 중의 하나가 채변 검사였다. 지금처럼 변변한 화장실이 있는 것도 아니고 위생 관념이 철저한 시절도 아니어서 겨울이면 손에는 늘 딱지가 앉았고 손톱 밑에는 때가 새까맸다. 놀이의 대부분이 흙을 가지고 노는 것이었다. 자연히 대변 검사에서 회충이 안 나오는 일이 드물었다. 여학생들이 보는 앞에서 회충약을 받아 입에 넣고는 양은 주전자의 물을 컵에 따라서 벌컥벌컥 마셔야 통과였다.

먹을 것도 허술했던 시절에 뱃속에 들어간 영양분을 회충에게 다 뺏겼으니 살찔 겨를도 없었다. 시장통에 회충약 장사꾼들이 있었는데 입으로 불을 푹푹 뿜어내면서 나처럼 삐쩍 마른 어린아이를 앞으로 불러내서 어떤 약을 먹이고는 기다란 요충을 뽑아내곤 했다. 그게 진짜 엉덩이에서 나온 건지 아니면 조작인 건지 지금도 헷갈린다. 요즘은 일 년에 한 번, 알약 하나를 온 가족이 복용한다. 청결한 세상이 되어서 회충이 없겠지만 예방 차원이다.

『용재총화』 제7권에 나오는 이야기다. 무관 양(梁) 아무개가 공주 목사가 되었는데 더운철 파리가 많은지라, 양이 이를 싫어하여 주중(州中)의 아전에서부터 밑으로 기생과 종들에 이르기까지 매일 파리 한 되를 잡아 바치게 하고, 엄하게 법을 정하여 이를 독촉하니 상하가 다투어 파리를 잡느라고 쉴 겨를이 없었다. 이리하여 심지어 주머니를 가지고 다니면서 파리를 사는 사람까지 있게 되어 당시 사람들이, "승목사(蠅牧使)라 이름하고, 고을 다스리기를 파리 잡듯이 하면 명령이 어찌 행해지지 않으리오." 하였다.

지금으로 치자면 공주 시장으로 부임해 온 양(梁) 사또가 파리를 싫어했던 모양이다. 백성들이 온통 파리 잡기에 나섰다. 파리를 잡지 못한 자들에게는 엄한 법을 적용했다. 일이 바쁘거나 파리만큼 날래지 못한 사람도 있는 법, 당연히 파리를 잡지 못하는 사람들에게 파리를 잡아서 파는 사람이 생겼다. 그래서 원님 덕에 파리가 다 사라졌다. 그의 별명이 파리 사또(승목사)가 되었으니, 상황이 어떠했는지 짐작이 가고도 남는다.

승목사 덕분에 환경은 깨끗해졌고 심지어 파리잡이라는

신종 직업까지 생겼다. 파리를 잡으니 청결한 환경이 되고 파리로 인해서 전염되는 전염병의 창궐도 줄었지 싶다. 하지만 이야기는 다른 것을 전해준다. 이야기 중간에 '상하가 다투어 파리를 잡느라고 쉴 겨를이 없었다.'라는 부분만 보더라도 관아의 일이 제대로 돌아갔을 리가 없다. 그뿐만 아니라 '고을 다스리기를 파리 잡듯' 했으므로 백성들의 원성이 자자했을 것이다.

 물론 파리 잡는 일이 그릇된 일이라는 것은 아니다. 모든 일에는 경중이 있다. '빈대 잡느라 초가삼간 태운다.'라는 속담이 그냥 나왔을까? 성가신 어떤 일을 해결하려다가 정작 큰일을 놓친다는 이야기다. 차라리 방법을 달리해서 파리가 생기지 않도록 환경교육을 했더라면 양 아무개 목사는 파리 사또가 아니라 환경교육의 선구자가 되었을 일이다.

 그때 먹은 회충약이 효과가 있었을까, 궁금하다. 회충약을 먹을 때마다 왠지 자존감이 한없이 쭈그러들고 어딘가로 숨고 싶었는데, 여학생들은 오죽했을까? 요즘엔 그랬다가는 학생 인권 침해로 난리가 날 테니 참으로 다행이다. 이런 이야기를 하다 보니 그 시절 여학생들도 떠오르고 괜히 엉덩이도 근질근질하다. 사람의 마음이란 참 희한하다.

지푸라기 그물로 호랑이 잡기

 지난주에 대학교 정시 모집이 끝났다. 아이들의 미래를 정하는 일이어서 여간 신경 쓰이지 않는다. 적성을 찾아서 가면 될 일이지만, 그게 그렇게 쉬운 일이 아니다. 성적이 최상위권이라면 입맛대로 원하는 대학의 원하는 학과를 선택해 갈 수가 있고, 서울에 있는 소위 일류대학이라면 학과를 크게 개의치 않는다. 의학 계열이라면 지방도 문제 삼지 않는다. 하지만 성적이 고만고만한데 취직이 잘 되는 인기 학과에 가자면 소위 상위 대학을 포기해야 하고 상위 대학에 가자면 인기 학과는 포기해야 하는 딜레마에 빠진다. 그래서 원서마감날까지 눈치작전을 벌인다. 아무래도 지원율이 낮으면 합격률이 올라가기 때문이다. 몇몇은 아예 성적이 안 되면서도 명문대 인기 학과에 지원하겠다며 억지를 부리는 경우도 간혹 있다. 요행을 바라는 것이다. 간혹 합격하는 예도 있기는 하지만, 잘 알다시피 매우 드문 일이다.

『패관잡기』에 다음과 같은 이야기가 있다.

세속에서 재주 없이 우연히 급제하거나 생원(生員)·진사(進士)에 합격한 자를 두고 말하기를, "짚그물[藁網]로 호랑이를 잡았다." 한다. 관찰사 홍서주(洪叙疇)는 찬성(贊成) 홍숙(洪淑)의 아들로 소년 급제하였다. 방(榜)이 나오는 날에 판서 한형윤(韓亨允)이 가서 찬성에게 치하하기를, "공의 집 짚그물이 어떻게 썩지 않았는가." 하였으니, 이는 찬성 부자가 모두 우연히 과거에 급제한 것을 말함이었다. 그러나 관찰사가 몇 해도 안 되어 옥당(玉堂)에 뽑혀 들어가서 휴가를 주어 글을 읽게 하니 당시에 훌륭한 이름이 났으니, 어찌 짚그물로 호랑이를 잡았다고 말할 수 있는가.

지푸라기로 만든 그물이라니 엉성하기 짝이 없겠다. 그런 그물에 걸리는 호랑이라면 지독하게 운이 없는 호랑이거나 늙어 힘이 빠져 곧 죽을 운명에 있는 호랑이가 아닐까. 거꾸로 그런 그물을 만든 사람의 처지에서는 뜻하지 않은 복이 굴러들어 온 셈이다. 큰 노력을 들이지 않고도 호랑이를 잡았으니, 이거야말로 천운이라 하겠다. 그런데, 조선시대(1500년대)에 그런 일이 일어났다고 적어놓은 걸 보면 정말로 운 좋게도 과거에 합격한 이들이 있었던 것 같다.

하지만 정말 말처럼 우연히 부자(父子)가 과거에 합격했는지 살펴볼 일이다. 글에 나오는 홍숙은 관찰사를 지낸 후 형조판서와 예조판서를 지냈으며, 그의 아들 홍서주가 나중에 왕의 자문역할을 하던 옥당(홍문관)에 뽑혀 들어갔을 뿐만 아니라, 충청도 관찰사를 지낸 걸 보면 부자의 학문이 얼마나 출중한지 알 수 있다. 그러므로 판서 한형윤이 홍숙의 집안을 얕잡아 보았거나 둘의 관계가 좋지 않았음을 유추할 수 있다. 만약 그 두 가지 이유가 아니라면, 한 가지 이유가 남겠다. 한형윤에게는 홍숙의 아들 서주처럼 과거급제한 아들을 두지 못했음이 아닐까?

그나저나 우리 반 아이들이 지푸라기 그물로 호랑이를 잡는 고망착호藁網捉虎의 운이 따라주기를 바라지만, 그렇게 잡은 호랑이라면 호랑이의 위엄을 갖추지 못했을 것이 뻔하다. 요행을 바라기보다는 스스로 가장 재밌어하고 좋아하는 과를 선택해서 미래를 펼쳐나간다면 더할 나위 없겠다.

마음의 허기

 학교에서 친하게 지내는 동료가 몇 있다. 나이 차이도 나고 출신 학교도 다르고 가르치는 과목도 다양한데 어쩌다 보니 친하게 되었다. 무슨 까닭으로 그렇게 되었는지 생각해 봐도 쉽게 떠오르는 이유가 없다. 굳이 따져 보면 짚이는 것이 있기는 한데, 아마도 누군가 먼저 "밥을 먹자"라고 했지 싶다. 그렇게 밥을 먹다 보니 다음에 또 누군가 밥을 샀을 것이다. "언제 밥 한 그릇 합시다."를 미루지 않고 실천했던 이유로 지금도 자주 같이 밥을 먹는다. 밥 먹고 살기 위해 같은 일을 하고 있으므로 더욱 친하게 되었다. 어쩌다 밥 먹을 때를 놓치는 수가 있다. 그런 날은 혼자 밥을 먹어야 하는데 영 마뜩잖아서 그만 건너뛴다. 그러면 허기도 지지만 마음도 허전하다.

 『청성잡기』에 다음과 같은 말이 전한다.

모든 물건은 속이 다 채워져 있는데 배 속만은 비어 있어서 먹은 뒤에야 채워진다. 그런데 반드시 하루에 두 번은 먹어야 하니, 아침에 채워 넣은 것은 저녁이면 비고 저녁에 채워 넣은 것은 아침이면 비게 된다. 부드러운 것이나 딱딱한 것이 모두 뱃속으로 들어가니, 독해서 먹지 못하는 것은 약으로 만들어 병을 치료한다. 이것저것 아무거나 먹어서 세상의 재앙이 되니, 그 발단이 되는 것은 배만 한 것이 없다. 그러나 조물주가 세상을 통제할 수 있는 권한이 실로 여기에 달려있으니, 이것이 없다면 하늘이 어떻게 사람을 제어할 수 있으며 임금이 어떻게 백성을 부릴 수 있겠는가. 열자(列子)가 말하기를, "사람이 입고 먹지 않으면 군신 간의 도가 종식된다." 하였으니 어찌 군신 간뿐이겠는가. 오륜의 도도 아울러 종식될 것이다. 어찌 저 금수를 보지 않는가. 떼 지어 살고 짝지어 지낼 뿐이다.

하나님이 인간을 통제하는 방법이 '먹고사는 문제' 해결이며, 나라도 임금도 오륜도 모두가 먹고사는 문제에 달렸다는 청성 선생의 말씀이다. 그러면서 금수(禽獸)를 들어 아무런 도(道)도 깨우치지 못한 채 그저 본능대로 살아갈 뿐이라고 전한다. 먹고사는 문제에 관해 이야기하면서도 한 편으로는 '비우기'의 실천에 대해 말한다. 그뿐만 아니라, 아무것이나 막 먹다가는 '세상의 재앙'을 불러온다고 적어놓았다. '아무것'이라는 말은 누구나 생각할 수 있는 '공짜'이거나 '청탁'과 관련된 것이겠다. 그것은 결국 재앙을 불러온다고 하니 재앙은 곧 죽음이 아니겠는가.

안 그래도 뉴스만 틀면 누가 뭘 먹었는지 안 먹었는지는 모르겠지만, 먹지 말아야 할 것을 먹었다는 소식이 왕왕 들려온다. 또, 그 때문에 잘나가던 사람이 어느 날 사라지기도 한다. 먹는 문제가 중요하긴 한데 잘 가려서 먹으라는 청성 선생의 말씀이 빛을 발하는 순간이다.

마음에도 허기가 질 때가 있다. 허기진 마음을 배부르게 하는 것이 무엇인지 생각해 보면 '관심'이 최고의 양식이다. 주변에 배고픈 사람이 있다면 불러서 밥을 사고, 마음이 허전한 사람이 있다면 불러서 말을 건네볼 일이다. 상대의 마음에 중요한 사람이 되느냐 마느냐 하는 문제는 바로 '밥을 사고 말을 건네는 일'에 있다. 멀리 갈 일도 아니다. 혼자 드라마와 사랑에 빠진 아내에게 외식이나 하자고 말을 붙여봐야겠다. "참 뜬금없다, 지금 출생의 비밀이 밝혀질 거야!"라는 말이 돌아와도 종일 비어 있던 마음이 잠시나마 충전될지 모를 일이니까.

섣달그믐의 쓸쓸함에 대해 논하라

 올해 고3 담임을 맡았다. 어느 학년을 맡느냐 하는 것은 관리자들의 의중이 중요하지만, 요즘은 원하는 학년을 맡기는 경향이다. 작년에 중학교 1학년 담임이었는데 올해는 고3 담임을 맡았으니까, 승진치고는 초고속 승진이기도 하다. 고3 담임을 한다고 하면 사람들이 고생이 많다고 하는데 실은 아이들이 이미 자신의 목표대학과 학과를 결정지어 놓았기 때문에 수월한 측면도 있다. 물론 중요한 결정의 시기이므로 일 년간 담임하면서 여러 가지 진학지도에 신경 쓸 일도 많다. 그래도 세상으로 나아가는 일차 관문을 통과하도록 도와주는 일이고 진학이 잘 되었을 때는 보람된 일이기도 하다.

 요즘 교사들은 사실은 담임을 꺼리는 경우가 많다. 우선 생활기록부 작성이 어렵다. 대학들이 생활기록부를 참조하여 자신들의 입맛에 맞는 학생들을 뽑으려 하므로 아이들이 가고자 하는 대학의 특성을 알아야 한다. 교과를 담당하는 교사들도 과목별 세부능력 특기 사항을 적으려면 힘이 든다. 그래도 자율활동, 동아리 활동, 봉사활동, 진로 활동에다가 행동 특성 및 종합 의견을 작성하는 일이 늘 부담으로 다가온다.

  며칠 전 이른 졸업식을 하고 아이들과 작별했다. 아이들이 떠난 텅 빈 교실을 정리하고 돌아 나올 때는 그 쓸쓸함이 여간 아니다. 일 년간 복닥복닥하던 교실이 텅 비어 있음에랴 뭐 더 할 말이 있겠는가. 더군다나 졸업식을 보기 위해 부모님과 형제자매가 다 들어와서 빈틈없어 보이다가 물밀듯 빠져나가 공기가 무겁도록 내려앉은 빈 교실을 보면 마음이 서운하다.

  광해군 8년인 1616년 증광회시가 있었다. 한 마디로 수능과 같은 시험이라고 보면 되겠다. 지금이야 한국교육과정평가원에서 시험 문제를 내지만 당시에는 좀 달랐다. 마지막 대과를 치를 때는 임금이 직접 시험 문제를 냈다. 그날의 시험 문제는 광해군이 출제했는데, '섣달그믐이 쓸쓸한 까닭이 무엇인지'를 적는 철학적인 문제가 출제되었다.

  물론 지금도 논술 시험을 치르는 대학교가 제법 있다. 서울의 상위권 대학과 일부 지방 국립대학에서는 여전히 논술로 학생들을 가려 뽑는다. 그러나 그 논술 문제라는 것이 이과 계열의 경우는 대부분 수학 문제이고, 문과 계열의 경우는 학과마다 문제가 다양하다. '섣달그믐의 쓸쓸함에 관해 논하라'라는 문제를 낸다면 아이들이 머리를 갸우뚱하지 싶다. 우선 '섣달'이 몇 월인지 모르는 학생이 많기 때문이다. '그믐'은 또 어떤가, 제대로 대답하기가 어렵다. 그런 면에서 보자면 상당히 어려운 논술 문제라 하겠다. 혹, 두 가지 뜻을 다 안다고 하더라도 '쓸쓸함'에 관해 적으라고 하면 번호를 선택하는 선택형 문제에 익숙한 아이들이 혀를 내두를 것이 뻔하다.

광해군은 조선의 임금 중에 묘호(사후 공덕에 따라 받게 되는 호칭)를 받지 못한 두 임금 중의 한 명이다. 연산군이야 워낙 폭군이니 왜 그가 묘호를 받지 못했는지는 잘 알 터인데, 광해군이 묘호를 받지 못한 것은 다소 의아하다. 인조반정에 의해서 물러났다고는 하나, 그의 치적이 본받을 만하기 때문이다. 대동법을 시행했으며 중립 외교를 펼쳤고, 세자일 때는 의주로 도망간 아버지 선조 임금 대신 조정을 맡아서 전장에서 왜군에 맞서 싸운 인물이어서 더욱 그렇다. 그런 그가 왜 그런 책문을 내었을까?

임금이라면 당연히 만백성으로부터 존경받고 신하들로부터 믿음직한 왕이 되어야 마땅했는데, 실리에 따라서 자신에게 유리한 일종의 세력을 형성했던 분당이라는 조선의 상황이 그를 힘들게 했던가 보다. 한 해가 즐겁고 태평천하가 되었더라면, '올 한해 잘 보냈으니, 새해에는 더욱 잘살아 보자.'라며 잔치를 열었을 텐데 말이다. 그러나 그에게 한 해의 마지막 날이 저물어 간다는 것은 너무나도 서글픈 일이었다. 주변에 자신을 알아주고 믿어주는 사람이 한둘만 있었어도 그렇지 않았을 텐데 그에게는 제대로 된 신하가 없었던 까닭이다. 그가 그런 책문을 냈을 때, 그의 의중을 알아보는 신하가 없었음이 참 안타깝다.

예전과 다르게 아이들을 떠나보내는 일이 쉽지 않다. 젊었을 때 느껴보지 못한 어색한 감정을 요즘은 좀 많이 느낀다. 아마도 광해군 시절이었다면 장원은 못 하더라도 입선은 하지 않았을까, 그의 마음이나 나의 마음이 '쓸쓸함'으로 통했으니 말이다.

콩쥐의 신발 한 짝

 딸아이의 부츠 한 짝이 망가졌다. 지퍼 부분이 고장 나서 끝까지 올려도 자꾸만 내려온단다. 그런 수선을 딸아이가 직접 맡기는 일은 우리 집에서는 없다. 아내의 성화가 이만저만 아니다. 속히 가서 고쳐오란다. 전에 봐둔 수선집이 있어서 종이 가방에 넣고는 찾아갔다. 수선집 사장님은 아무리 좋은 신이라도 짝이 맞지 않으면 쓸모가 없다며 이틀 후에 찾으러 오라고 했다. 알 두꺼운 돋보기를 끼고서 두 짝을 견주며 이리저리 살펴보는 모양이 여간한 장인의 포스가 아니었다.

 우리가 잘 아는 '콩쥐팥쥐전' 전래동화가 있다. 콩쥐를 낳은 아내가 죽자, 콩쥐의 아버지는 팥쥐 엄마를 만나 결혼한다. 그런데 팥쥐 엄마에게는 팥쥐라는 딸이 있다. 아버지만 없으면 팥쥐 엄마와 팥쥐는 콩쥐를 괴롭힌다. 콩쥐에게는 나무 호미를 주고 팥쥐에게는 쇠 호미를 주어서 밭을 갈게 한다거나 밑 빠진 독에 물을 채우는 일들이다. 그런 콩쥐에게 밭을 가는 일은 하늘에서 소가 내려와서 도와주고, 밑 빠진 독은 두꺼비가 나타나 구멍을 막아준다. 그 후 콩쥐는 친 외삼촌이 초대한 잔치에 가다가 그만 원님 행차에 놀라서 꽃신 한 짝을 잃어버렸는데 원님은 꽃신의 주인인 콩쥐를 찾아서 결혼한다. 그런데 이를 시기한 팥쥐가 콩쥐를 죽이고는 콩쥐 행세를 하는데도 원님은 팥쥐가 콩쥐인 줄 알고 같이 산다. 나중에 진실이 밝혀져서 콩쥐는 환생하고 팥쥐는 죽임을 당한다.

누구나 나쁜 짓을 하면 벌을 받는다는 것은 만고불변의 진리다. 착하게 살면 좋은 신랑을 만나는 내용은 서양의 고전 '신데렐라와도 닮았다. 착한 콩쥐에게는 구원병이 많다. 소도 있고 두꺼비도 있고 외삼촌도 있으며 원님도 있다. 착하게 살고 볼 일이다. 하지만 원님은 콩쥐를 자세히 보지 않았는지 팥쥐를 아내로 착각한다. 어떻게 아내를 몰라볼 수 있는지 의아하다. 이야기를 자세히 들여다보면 콩쥐와 팥쥐 모두가 한 남편을 둔다. 남편은 첫 번째 아내가 어떻게 되었는지도 모르고 두 번째 아내와 같이 산다. 그렇다면 콩쥐에게도 결혼은 잘못되었다. 물론 나중에는 팥쥐가 콩쥐를 죽인 줄 알지만 철저하게 남편의 잘못은 묻힌다. 이 글을 읽는 우리도 콩쥐와 팥쥐의 이야기에 집중하느라 남편에게는 관심을 기울이지 못했다. 지금 같으면야 어림도 없는 일이다. 한 남자가 자매를 아내로 맞이하는 일은 가당치도 않다.

친자매는 아니었으나 이복언니를 죽음으로 몰아간 팥쥐의 행태는 벌을 받아 마땅하다. 하지만 이야기의 처음으로 돌아가 보자. 콩쥐와 팥쥐의 집이 부잣집이 아니다. 자매가 같이 밭을 갈아야 하고 장독도 깨진 장독이라니 집안 살림이 형편없다. 팥쥐 엄마는 오로지 남편을 믿고 재혼했는데, 생활은 어렵고 남편은 밖으로만 돌다가 집에 오면 본처의 딸만 이뻐하니 마음이 많이 상했지 싶다. 게다가 어쨌든 전처의 딸이 원님을 만나 결혼했으니 팥쥐 엄마는 자기 친딸도 그렇게 되길 바랐을 것이다. 그렇다면 이 이야기는 모성이 빚어낸 비극이다. 다만 그 모성이 가는 방향이 잘못되었다. 두 사람이 진작에 마음을 고쳐먹고 좋은 신랑감을 찾아 나섰더라면 달라졌을 텐데 말이다.

수선집 사장님은 어느 쪽을 수선했는지 모를 정도로 부츠를 멋지게 수선해 놓았다. 두 짝이 온전하니 한 벌의 멋진 구두가 탄생했다. 안 그래도 출산율이 낮아져서 나라가 우울하다. 혼자 있는 것보다는 둘이 있는 게 보기 좋다. 둘보다 아이가 생겨서 셋이나 넷이 가족을 이루는 것이 더 보기 좋다. 다만 서로 맞지 않는 때도 있다. 그럴 때는 고쳐 살면 된다. 신을 고치는 일보다 마음을 고쳐먹는 일이 백배 천 배는 어렵겠지만.

4부
뭐, 어때!

광대와 임금의 소통

지금은 각종 SNS가 소통의 채널이지만 한때 비디오가 유행했다. 비디오의 시작에 '옛날 어린이들은 호환, 마마, 전쟁을 두려워했다.'라는 안내가 나온다. 다 맞다. 하지만 옛날 문헌을 살펴보면 호랑이와 관원이 없는 곳이 최고의 장소라는 말이 자주 나온다.

『패관잡기』 제2권에 나오는 이야기다. 세상에 전하기를, "관청에서 무당에게 세포(稅布)를 너무 많이 거두어들였으므로, 매양 관원이 문에 이르러 외치면서 들이닥치면 온 집안이 쩔쩔매고 술과 음식을 갖추어 대접하면서 기한을 늦추어 달라고 애걸하였다." 하였다. 이런 일이 하루걸러 있거나 연일 계속되어 그 괴로움과 폐해가 헤아릴 수 없었다. 설이 되면 광대들이 이 놀이를 대궐 뜰에서 상연하였더니, 임금이 명을 내려 그 세포를 면제하게 하였으니,

광대도 백성에게 유익하다 하겠다. 지금의 광대들도 아직 그 놀이를 전하므로 그것이 고사(故事)가 되었다. 중종 때에 정평 부사(定平府使) 구세장(具世璋)이 토색질하여 만족함이 없었는데, 안장을 팔려는 사람을 부(府)의 뜰로 끌고 들어와서 친히 흥정하여 며칠 동안 그 값을 따지다가 끝내 관청의 돈으로 샀다. 광대가 설에 그 상황을 놀이로 상연하였더니 임금이 묻는 데에 대답하기를, "정평 부사가 안장을 사는 장면입니다." 하였다. 드디어 명을 내려 정평 부사를 잡아다가 심문하고 마침내 장물죄로 처벌하였으니, 광대 같은 자도 능히 탐관오리(貪官汚吏)를 규탄(叫彈)하고 공박(攻駁)할 수가 있는 것이다.

임금이 있는 대궐에서 광대들이 한바탕 노는 장면이 연출된다. 그 내용이 악덕 탐관오리들이 무당에게 세금을 많이 거둬들이는 장면이며, 관리가 백성의 세금으로 자신이 타는 말에 얹을 안장을 사는 장면이다. 이 장면을 보고는 임금이 고을 원을 잡아다가 처벌한다. 그리고 광대와 같이 미천한 자들도 능히 탐관오리를 규탄할 수 있다는 내용이다. 그러니 어디서든 공명하고 정대하게 관의 일을 처리하라는 교훈이 담겨있다.

이 글은 중종 무렵에 나온 글이다. 중종이라면 연산군을 폐하고 올라선 왕이다. 2005년 12월에 〈왕의 남자〉라는 영화가 나왔다. 천만 관객을 넘긴 영환데, 거기에 보면 광대들이 연산군의 어머니 폐비 윤 씨가 사약을 마시는 장면을 연출한다. 이에 연산군이 무자비하게 칼을 휘두른다. 아마도 〈왕의 남자〉의 시작이 이 이야기가 아니었을까 생각한다.

  고전을 읽으면 읽을수록 지식과 지혜가 확장된다. 더군다나 맞는지는 모르겠으나, 〈왕의 남자〉의 시작이었을 이런 글을 발견하는 호사를 누리게 되어 고전 읽기를 멈출 수 없다. 더 중요한 사실이 있다. 나 같은 일개 선생도 이런 글로 소통할 수 있다는 사실이다. 가장 낮은 계층에 있던 광대들이 백성들의 염원을 담아 한바탕 놀이마당을 펼쳤듯이 나의 글쓰기도 누군가에게 다가가서 신명을 불러일으키면 좋겠다.

짝사랑

짝사랑은 참으로 편하다. 나 혼자 좋아하다가 나 혼자 그만두면 된다. 상대는 아무것도 모른다. 자신이 사랑받고 있음을 인지하지 못한다. 나야 상처를 받지만 정작 상처를 준 상대는 자신이 상처를 주었는지도 모르는 것이다. 아무렇게나 잊어도 되고 언제든 떠올리면서 혼자 웃을 수도 있다. 하지만 서로 사랑하다가 헤어지면 그 마음의 생채기가 오래간다.

『고운당필기』 제2권에 꽃을 사랑하는 이유에 관해 적은 글이 있다.

한두 해 전부터 나는 꽃나무 심기를 좋아하여 서재 앞에 울긋불긋하게 대략을 구비하였다. 퇴근하고 나서는 관복을 벗자마자 꽃나무 주위를 돌며 읊조리느라 혹 손님이 와도 알지 못했다. 무관 이덕무가 괴이하게 여겨 물었다.

"꽃이 뭐가 그리 좋은가?" 내가 말했다. "반평생을 정 때문에 시달렸지요. 내가 좋아하건 남이 좋아하건 간에 얽매여 벗어날 수가 없었답니다. 새와 짐승도 먹여서 길을 들이고 나면 반드시 그 주인을 사랑하지요. 꽃은 그렇지 않습니다. 내가 사랑을 주어도 저들은 덤덤하니 정이라고는 없지요. 그래서 좋답니다." 무관은 잠자코 있다가 다음날 이문원(摛文院)에 동료들이 다 모였을 때 비로소 내 말을 언급하고는 찬탄해 마지않았다. 아마 밤중에 깊이 생각해 본듯하다.

옛 선인들의 꽃 사랑은 끝이 없다. 매화, 난초, 국화, 대나무의 기개를 말하는 사군자를 비롯하여 향기가 없는 꽃 목단이나 심지어는 지방 시골에 혼자 피어난 야생화도 시로 읊고 일상의 이야기 주제로 삼았다. 『고운당필기』의 저자인 유득공이 그만 꽃 삼매경에 빠졌다. 만사를 제쳐 놓고 꽃만 쳐다보자 '조선의 선비' 이덕무가 왜 그렇게 꽃을 좋아하는지 묻는다. 이덕무의 말은 꽃 좀 그만 쳐다보고 일도 좀 하고 사람도 좀 만나라는 질책이기도 하다. 그러자 유득공은 세상 만물 모두가 저를 사랑하면 반드시 답이 있는데, 꽃은 아무리 사랑해 주어도 무덤덤하니 정이 없다고 말한다. 문자 그대로만 본다면 사랑을 주면 사랑을 받기 마련인데, 꽃은 사랑을 받기만 할 뿐 아무런 응답이 없다는 말이 되겠다.

그런데, 이 이야기의 서두를 살펴보면, '퇴근하고 관복을 벗자마자 꽃나무를 들여다보느라 누가 와도 알지 못했다.'라는 부분이 나온다. 유득공은 아마도 이 즈음해서는 그만 관직이 싫어진 것 같다. 얼마나 일이 싫었으면 '퇴근하고 나서는 관복을 벗'어 버렸는지, 꽃을 보러 가기 위해 옷을 벗어 던지는 속도감이 느껴진다. 게다가 그만큼 하나에 꽂히면 집중하는 유득공의 자세를 알 수 있다. 퇴근하기가 바쁘게 꽃을 심고, 꽃을 가꾸고, 꽃을 돌보았다고 하니 그의 꽃에 대한 사랑이 지극할 정도다. 꽃을 왜 좋아하냐는 이덕무의 질문에 그가 한 말이 걸작이다.

"반평생 정 때문에 시달렸지요."

사실 그는 '서얼' 출신이었다. 조선의 서얼은 첩에서 난 '서자'와 신분이 천한 종에게서 난 '얼자'를 합쳐서 서얼이라고 불렀다. 유득공의 할아버지와 외할아버지 모두 서자였으므로 유득공은 저절로 서얼의 신분을 가졌다. 시와 문학에 뛰어났으나 서얼 출신이었으므로 신분의 상승에 한계가 있었다. 임금(정조)과의 정이 매우 두터웠으나 지방의 외직으로만 주로 돌았는데 이유는 신분 때문이었다. 진작 모든 걸 내려놓고 글쓰기에 매진하고 싶었지만, 임금과의 정 때문에 선뜻 관직을 그만두지 못했다.

유득공이 좋아한 것들은 모두 생명이 있는 살아있는 것

들이었다. 사람이나 짐승이나 새는 사랑할 때는 가만히 있어도 찾아온다. 그러나 싫어하게 되면 매몰차게 떠난다. 사랑을 해 보아서 알겠지만, 열띤 사랑의 시절에는 한시라도 떨어지기가 싫고 같이 있고 싶다. 하지만 어떤 이유로 사랑이 식으면 꼴도 보기 싫은 것이다. 꽃과의 사랑은 짝사랑이다. 저 혼자 피어있으면 그저 사람이 다가가서 예쁘다고 한다. 유득공 혼자만의 사랑의 대상이다. 꽃은 그저 흔들릴 뿐, 아무런 대꾸가 없다. 무심한 꽃을 바라보면서 그는 그가 받은 상처를 치유한 셈이다. 그러니 꽃을 좋아할 수밖에.

오래 살고 볼 일

다들 오래 살고 싶은 모양이다. 누구는 반신욕을 하고, 누구는 근력을 키운다고도 하고, 누구는 소식(小食)으로 건강을 유지한단다. 나는 동서가 약사인 관계로 혜택을 좀 누린다. 명절마다 집에 들르면서 영양제를 두고 가는 통에 눈과 혈액 순환에 좋다는 것, 뱃살을 줄여준다는 것 등을 수시로 먹는다. 떨어질 만하면 배급을 해 주니 참으로 든든하다.

『필원잡기』에 부자의 이야기가 있다.

국재(菊齋) 문정공(文正公) 권부(權溥)는 임술년 임자년 기미일 기사시에 났는데, 점(占)을 치는 이가 보고, "수명이 길지 못하겠다." 하였다. 그 아버지 문청공(文淸公) 단(坦)이 말하기를, "만약 덕을 쌓으면 조금 연장할 수 있을 것이다. 내가 일찍이 천보산(天寶山)의 중에게 들었는데,

덕을 쌓는 조목이 세 가지가 있는바, 길 가운데로 다니지 말고, 흘러가는 물에 목욕하지 말고, 음식을 먹을 때 좋은 것을 가리지 않는다 하니, 너는 마땅히 힘쓸지어다." 하였다. 국재가 종신토록 이 말에 명심하고 힘써서 잠시 동안이라도 어기지 않았는데 마침내 85세의 수(壽)를 누렸고, 지위가 일품에 이르렀으며, 한 가문(家門)에서 봉군(封君)한 이가 아홉 사람이나 되어, 복록(福祿)의 융성함이 고금에 거의 없었으니, 사람들이 모두 말하기를, "덕을 쌓은 효험이다." 하였으니, 점치는 이가 수명이 길지 못하다 한 것은 또한 무슨 이유에서인지 알 수 없다.

옛사람들은 수명을 길게 하는 데에 꼭 필요한 것이 덕을 쌓는 일이라고 보았다. 덕을 쌓는 방법으로 세 가지를 주문한다. "길 가운데로 다니지 말고, 흘러가는 물에 목욕하지 말고, 음식을 먹을 때 좋은 것을 가리지 않는다."라고 했다. 길 가운데로 다니지 말아라, 라고 하는 말은 지금도 쓰이는 말이다. 집을 나서면 어른들의 말씀은 항상 주변을 잘 살피라고 하시지 않는가. 그런데 길 가운데로 가는 사람은 눈에 확연하게 띄기 마련이다. 그러므로 너무 나서지 말라는 말이 되겠다. 또한 "주변을 잘 살피라."라는 말은 좋은 친구를 사귀라는 말이기도 하다. "흐르는 물에 목욕하지 말아라."라는 말은 위험한 곳에 가지 말라는 뜻이다. 거친 물살이 내려오는 강이나 개천은 미끄러지기가 쉬우니 떠내려갈 위험이 있다. 또한, 시류에 휩쓸리기보다는 자중하라는 엄중한 경계의 말씀이다. 마지막으로 음식을 가리지 말고 골고루 먹는다면 균형 잡힌 영양분이 공급되니 건강에 좋은 처방이다. 가만 듣고 보면 옛 어른들이 하시는 말씀이 하나도 틀림이 없다. 길 조심하고 위험한 곳은 피하고 영양분을 골고루 섭취한다면 오래 살 수 있다.

그런데, 이 이야기의 처음으로 돌아가 보자. 점을 본다는 내용이 나온다. 점을 본 결과 '수명이 짧다'라는 점괘가 나왔고 그로 인해서 아버지가 아들에게 세 가지 주의할 점을 일러준다. 그래서 국재는 그 말대로 했더니, 나중에 일품 벼슬에 오르게 되었고, 가문에서 자그마치 관직에 오른 자가 아홉이나 되었다는 말이다. 아버지가 시키는 대로 했더니 오래 살았다는 이야기다. 따지고 보면 운명을 점(운)에 맡기지 않고 부모의 말씀에 따라 스스로 규칙을 정하고 자율적으로 살았더니, 천수를 누리고 집안도 화목하게 되었다는 교훈을 준다. 또 하나, 수명을 연장하는 일이 '덕을 쌓는 일'이라고 말한다. 덕 쌓는 일과 수명이 무슨 관계가 있을까 싶지마는 덕을 쌓는 일은 이웃에게 복을 베푸는 일이며, 복을 베풀면 반드시 돌아온다는 말과도 일맥상통한다. 게다가, 상대를 배려하고 공감하게 되므로 적을 만들지 않게 된다. 뭇사람들이 다 좋아하는 사람이라면 여러 난리 속에서도 살아남았을 테다. "점치는 이가 수명이 길지 못하다 한 것은 또한 무슨 이유에서인지 알 수 없다."라고 후세에 전하는 걸 보면, 점쟁이의 말은 믿을 수 없다는 뜻이다. 모름지기 모든 일은 마음먹기에 달려있다는 사실을 에둘러 표현한 것이다.

  동서가 가져다주는 영양제 덕분인지 병원에는 가본 일이 별로 없다. 비단 영양제가 아니라도 사람의 인품이 좋아서 동서가 참 좋다. 언젠가 동서의 집에서 자선단체와 대학에 기부하고 받은 여러 감사패를 본 적이 있어서 그를 다시 보게 되었다. 돈이 있어도 쓰지 못하는 사람도 많다. 마음이 넉넉하니 그 집에서도 봉군(封君)하는 이가 여럿 배출되겠다. 그걸 보려면 오래 살고 볼 일이다. 오래 살아야 할 이유가 하나 생긴 셈이다.

흰 신, 검은 신

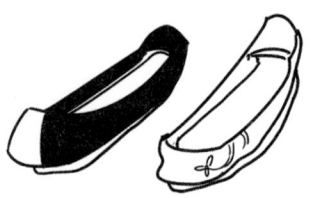

 태극기를 일 년 내내 집에 게시하는 후배가 있다. 큰 사업체를 운영하며 사회적으로 명망이 있어서 여러 사람이 따른다. 항상 자신감이 넘치고 어떤 일을 할 때 보면 열정적이고 적극적이다. 자신의 색깔을 분명히 하는데 무슨 일이 있겠느냐며 자신만만하다. 그런 면에서 보면 나는 우유부단한 편이다. 저 높이 계시는 분이 이런 일을 할 때는 좋고, 저런 일을 할 때는 싫을 때도 있다. 사는 곳이 영남지역이니까 너는 당연히 붉은색 계열을 좋아하지, 하고 물으면 그것은 분명한 오해다. 내 판단은 그때그때 다르다.

 『필원잡기』에 삼봉 정도전의 일화가 있다. 정도전이 새벽 일찍 관아에 나갔는데, 한 짝은 희고 한 짝은 검은 신을 신었다. 서리가 그것을 보고 알려주었는데, 공은 한 번 웃고는 말았다. 일이 끝난 후 집으로 가는 도중에 하인에게 정도전이 말했다. "너는 나의 신이 한 쪽은 희고, 다른 쪽은 검은 것을 탓하지 말아라. 왼쪽에서는 흰 것만 볼 것이요, 오른쪽에서는 검은 것만 볼 것이니, 어찌 해가 있겠느냐?" 하였다. 그의 겉치레를 꾸미지 않는 것이 이러하였다.

 정도전이라면 조선의 개국 공신이다. 정몽주와 같이 공부했으나 두 사람은 뜻이 달라 한 사람은 고려의 충신이 되었고, 한 사람은 조선의 개국 공신이 되었다. 마음이 급했던지 공은 새벽녘에 집을 나서면서 검은 신과 흰 신, 짝짝이를 신고 나왔다. 살다 보면 간혹 그런 일이 있기는 하지만 드문 일이다. 양말을 짝짝이로 신는 일은 더러 있는 일이지만 신발을 짝짝이로 신는 일은 흔치 않다. 서리가 흠을 지적하자 공은 웃어넘겼고 하인에게 그런 일을 탓하지 말라고 부탁한다. 공의 넓은 마음이 엿보인다.
 하지만 자세히 살펴보면 뜻이 완전히 달라진다. 당시는 개혁과 개국이 맞물린 혁명의 시대였다. 검은 신을 신느냐, 흰 신을 신느냐 하는 것은 목숨이 달린 일이었다. 고려의 충신으로 남느냐, 아니면 새로운 시대의 왕을 모시느냐 하는 선택을 해야 하는 시절이었다. '이런들 어떠하리, 저런들 어떠하리'라며 정몽주에게 애걸하는 이방원의 시를 고등학교 시절 외운 기억이 있다. 이방원의 구애에 대한 대답으로 정몽주는 '이 몸이 죽고 죽어 일백 번 고쳐 죽어'

도 '님 향한 일편단심은 변하지 않겠다.'라는 단심가를 불렀다. 이처럼 흑과 백이 분명한 세상이었다.

 그러므로, 정도전의 검은 신과 흰 신은 시사하는 바가 크다. 그의 고뇌를 들여다볼 수 있다. 사람들이 평상시 그의 인품을 보고서는 흰색이니 검은색이니 왈가왈부했을 것이다. 대궐의 말단 서리조차도 그에게 이쪽인지 저쪽인지 입장을 분명히 밝히라며 질책한다. 그러자 정도전은 자신과 출퇴근길을 같이하는 하인에게 너는 아무 상관 말아라. 검게 보고 희게 보는 사람들이 문제이므로, 너와 같은 백성들에게는 아무런 해가 가지 않게 하겠다며 다짐한다.

  우리는 살면서 여러 선택의 순간에 놓인다. 흑과 백의 세상에서 두 가지 신을 다 신고 살아가기는 어렵다. 사실 먹고살기 바쁜 보통 사람들에게는 그런 선택이 큰 영향을 주는 것 같지는 않다. 높으신 분들에게는 목숨이 왔다 갔다 하고 선택의 명분이 분명하기도 하지만, 남의 밥 얻어먹고 사는 하인과 같은 나 같은 사람은 그냥 하루가 좀 편안하면 좋겠다. 아무 색이라도 상관없으니 신으면 편안한 신발이면 족하겠다.

황금보다 독서가 좋은 이유

주변에 독서하기를 숨 쉬듯 하는 친구가 있다. 하루라도 책을 읽지 않으면 입안에 가시가 돋는다는 안중근 의사나 동네의 책을 다 읽었다는 링컨 대통령도 자기의 독서에는 미치지 못한다면서 큰 소리를 낸다. 모임이 따로 있어서 이 친구를 한 번씩 만날 기회가 있는데 늘 손에 책을 끼고 산다. 자기가 존경하는 사람은 일론 머스크라는 기업인인데 이유는 딴 것이 없고 자기보다 수 만권의 책을 더 읽었기 때문이란다. 독서라면 나도 빠지지 않는다고 생각했는데 이 친구의 이야기를 듣고 보니 나의 독서 수준이 한참 떨어진 건 아닌가 하는 생각이 들었다.

『청파극담』에 다음과 같은 이야기가 있다. 유효통(兪孝通) 선생의 아들 중에 정승 황보인(皇甫仁)의 딸에게 장가든 자가 있었다. 당시의 풍속에, 장가들 때 돈 많은 사람은 반드시 진귀한 보물을 함에 담아 앞잡이에게 짊어지어 예물로 하였다. 많이 보내는 사람은 3, 4개의 함에 이르렀는데, 유 씨의 아들도 2개의 함을 예물로 하였다. 황보인이 함을 재촉하여 들여다가 손님 앞에서 열어보니, 모두가 책뿐이 아닌가. 자리에 있던 사람들이 모두 깜짝 놀랐다. 나중에 황보인이 사돈 유 씨를 만나, "혼인날 예물함에 왜 책만 넣어 보냈습니까," 하고 물으니, "황금이 상자에 가득 차 있더라도 자식에게 한 권의 경서(經書)를 가르치는 것만 못하다란 말이 있으니, 혼인날 함에 어찌하여 책을 예물로 쓰지 못하겠습니까."라고 유 씨는 대답하였다.

이 이야기는 독서의 중요성을 말한다. 황금이라는 재물보다는 책이 훨씬 더 중요하다는 말이다. 독서는 마음의 양식이라고 했으니, 마음에 지식과 지혜가 가득하면 마음을 옳게 쓸 테고 재물도 덩달아 따라 올 일이다.

이야기를 자세히 읽어 보면 '장가들 때 돈 많은 사람은 반드시 진귀한 보물을 함에 담아'라는 부분이 나온다. 그러니 유효통의 집이 그렇게 가난한 집이 아니라는 뜻이다. 게다가 조선 세종 임금 때라면 책을 구하기가 쉬운 일도 아니었다. 지금처럼 대량으로 책이 인쇄되어 나오는 시절이 아니라 목판인쇄를 해야 했고, 종잇값도 만만치 않았으므로 2개의 함에 책이 가득 들었다는 말은 실질적으로는 그 가치가 상당했음을 알 수 있다. 유효통의 책 사랑을 알 수 있는 대목이기도 하다.

유효통은 세종 13년 『향약채집월령』이라는 약용식물학에 관한 책을 지으신 인물이다. 그뿐만 아니라 여러 가지 의서를 편찬했다. 그런 연유로 본다면 유효통은 의사였으며 많은 책을 읽은 것으로 생각된다. 황보인은 영의정을 지낸 인물로 계유정난(癸酉靖難)때 수양대군에게 살해된 인물이다. 보나 안 보나 두 집안 어른의 기품이 어땠는지 눈에 선하다.

역사 자료를 찾아보면 유효통의 맏아들인 유목노가 황보인의 사위가 된 기록이 있다. 세조 임금 당시 황보인의 친족은 모두 박해받았으므로 벼슬아치들의 감찰을 맡았던 종5품 벼슬의 도사(都事)였던 유목노도 핍박을 받았음이 틀림없다.

독서의 계절이라는 가을이 막바지다. 기후변화로 인해서 11월인데도 봄과 같은 기분도 든다. 책 읽기 좋은 계절이다. 독서가 유효통에게 황보인에게 그리고 그 아들인 유목노에게 혹은 며느리에게 어떤 영향을 끼쳤는지는 알 수 없으나, 유효통과 황보인 두 선비의 배포가 느껴진다. 이런 감정은 돈이 있다고 느낄 수 있는 것이 아니라 책을 읽어야 느낄 수 있는 것이다.

쌍둥이 형제

근무하는 학교에 쌍둥이가 있다. 둘이 생긴 건 당연히 똑같고 하는 행동조차도 흡사해서 구분하기가 여간 힘든 게 아니다. 쌍둥이의 어머니도 가끔 큰아들과 작은아들을 헷갈릴 때가 있다고 하니 형, 동생이 언젠가 뒤바뀐 건 아닌지 모르겠다. 쉬는 시간이면 둘이 운동장을 바라보며 창문가에 붙어 서서 이야기를 나눈다. 여간 살갑지 않다. 매일 보는데 무슨 그런 할 얘기가 많으냐고 물어보면, 봐도 봐도 할 얘기가 많단다. 둘이 매일 같은 걸 먹고 같은 집에서 자도 학반은 다르다. 사실 한 선생님이 수업하더라도 모든 반에서 매번 같은 말을 하지는 않는다. 수업의 강약 차이도 있고 교사도 날마다 같은 마음을 가지기 어렵기 때문이다. 그런 시간이 없다면 둘의 생각이 완전히 같아버릴수도 있겠다.

『송와잡설』에 한 이야기가 있다.

　근세 유명한 재상 중에 우애로 칭찬받는 이는 오직 상공 안현(安玹)과 이준경(李浚慶) 두 집뿐이다. 안현은 공경하는 것을 주로 하여, 그의 형 판서 안위(安瑋)를 엄한 아버지처럼 섬겼다. 형이 말을 탔으면 자기는 말에서 내려서 가고, 형이 앉았으면 반드시 평상 앞에 나아가서 절하여 응답하기를 매우 조심하였다. 이 정승은 사랑하는 것을 중시하여 그의 형 판서 이윤경(李潤慶)과 친구처럼 지내며 우애하였다. 앉으면 무릎을 맞대고, 누우면 베개를 가지런하게 하였다. 말하며 웃을 적에는 너나 하며 장난치기도 하였다. 두 정승의 가풍은 비록 같지 않았으나 모두 당시 진신(搢紳)들의 흠모하는 바 되었다. 그러나 이윤경이 죽자, 상공은 제복을 입고 처음부터 끝까지 한결같이 슬퍼하였고, 안 정승의 죽음에 안위는 조문받고 곡하는 것이 보통 사람과 다름이 없어, 상공 평생의 우애를 저버린 듯하였다. 안위는 이것으로써 식자들의 나무람을 면치 못하였다.

　형제애가 어때야 하는지 보여주는 글이다. 살아있었을 때를 보면, 안위는 형 안현에 대한 예의가 지극해서 사람들이 그를 칭찬했다. 이준경은 형 이윤경과 허물없이 장난치고 너나들이했으니 무례하다는 평이 있었을 것이다. 그러나 형이 죽은 후 두 사람이 보이는 슬픔의 강도가 달라

두 사람에 대한 세상의 평가가 달라졌다. 이윤경은 형 이준경의 상을 당해서 처음부터 끝까지 한결같이 슬퍼했다고 하니 형에 대한 사랑을 짐작할 수 있다.

이렇게만 본다면 정작 형을 아버지 대하듯 했던 안위의 모습이 가식처럼 보일 수 있다. 하지만 여러 가지 자료를 보면 안위가 의술에 정통했으며 좌의정과 영의정을 거쳐 최종적으로는 청백리로 정해졌다는 내용도 있다. 또한 글의 서두가 "유명한 재상 중에 우애로 칭찬받는 이는 오직 상공 안현과 이준경 두 집뿐이다."로 시작한다. 절대로 안현과 형 안위의 우애가 공경받지 못하는 것이 아니다. 이야기 중간에 "두 정승의 가풍이 비록 같지 않았으나"와 같은 부분을 놓친다면 우리는 이야기를 자칫 오해할 수도 있다.

이준경에 관한 이야기를 실록이나 고전에서 찾아보면 그가 힘한 일을 겪었다는 사실을 알 수 있다. 할아버지와 아버지가 '갑자사화' 때 참수를 당했다. 갑자사화는 폐비 윤씨와 관련해 여러 선비가 연산군에 의해서 죽임을 당하거나 귀향 보내진 일이다. 이때 이윤경은 7살, 이준경의 나이가 고작 6살이었는데, 할아버지와 아버지를 하루아침에 잃어버리고 형과 함께 고아가 되어버렸다. 그래서 외가에서 함께 자랐으니, 형제간의 우애가 남달랐을 수밖에 없었다. 졸지에 양친을 잃고 고아가 된 형제애는 더 말할 필요도 없지 않은가?

두 정승의 형제 사이의 우애가 오늘날까지 전해지고 있으니 분명 시사하는 바가 크다. 안위 형제는 10살의 나이 차가 났고 이준경과 이윤경 형제는 1살 차이가 나서 친밀감이 남달랐을 수도 있다. 그러나 언제든 말을 잘 못하거나 누군가에게 밉보였을 때 목이 달아날 수 있는 분당의 시절, 사화(士禍)를 견디며 힘든 시간을 함께 보냈으니 그 우애가 두터울 수밖에 없다. 6살, 7살 두 꼬마가 커다란 눈망울로 외할아버지와 외할머니를 쳐다보는 모습을 상상해 본다면 더 이상 두 꼬마의 형제애를 이야기하는 것은 중언부언이겠다.

쌍둥이 형이 배탈이 났다고 조퇴한단다. 그런데 좀 있다가 똑같은 친구가 또 조퇴하겠다며 진학실로 들어섰다. 둘을 구분하지 못하는 어느 선생님이 "너 방금 왔다 갔잖아."하면, 쌍둥이 동생은 그냥 흐뭇하게 웃는다. 한날한시에 났어도 살아가는 모양이 다를 것이다. 그렇다 하더라도 지금의 마음이 변하지 않고 오래 지속되길 바란다.

무사태평 하려면

　요즘은 수업 시간에 토론하는 일이 종종 있다. 모둠수업은 어떤 하나의 주제를 놓고 서로 맞는다고 주장하며 상대방에게 자신의 옳음을 설득하는 방식이다. '사형 제도의 존치 여부'와 같은 토론 주제는 이미 진부한 것이 되었고, 요즘은 'AI가 인간에게 유리한가, 불리한가'와 같은 주제가 떠오른다. 시대가 흘러가면서 요구하는 수준이 달라져서 고등학생 아이들이 토론하는 수준도 높아졌다. 저 윗분들처럼 고성방가나 삿대질로 토론하다가는 야유를 받기도 한다. 어림도 없는 이야기다. 상대를 존중하고 배려하며 먼저 칭찬으로 시작하며 찬반 토론을 벌이는 아이들을 보면 매우 논리적이라서 놀랄 때도 있다.

『송와잡설』에 다음과 같은 이야기가 있다.
　익성공 황희 정승이 세종대왕이 좋은 정사를 펼칠 때 그

옆에서 예법을 마련하고 악(樂)을 지으며, 큰일을 논하고 결단하였다. 날마다 임금을 돕는 것만 생각하였고 집안 대소사는 염두에 두지 않았다. 하루는 계집종들 간에 다툼이 있어서 집안이 떠들썩하였다. 한 계집종이 와서 자리를 두드리며 "아무 계집이 나와 서로 싸웠는데 이렇게 극악하게 저를 해쳤습니다." 하고 아뢰니 공은 "네 말이 옳다." 하였다. 좀 있다가 다른 계집종이 와서 자리를 두드리며, 꼭 같이 호소하였다. 공은 또, "네 말이 옳다." 하였다. 공의 조카가 옆에 있다가 마땅치 않은 기색으로 나서며, "아저씨는 몹시 흐리멍덩합니다. 한 사람은 저렇고 한 사람은 이와 같으니, 이것이 옳고 저것은 그릅니다. 아저씨의 흐리멍덩함이 심합니다." 하니 공은, "너의 말도 또한 옳다." 하면서, 글 읽기를 그치지 않고 끝내 분변하는 말이 없었다.

우리가 익히 아는 황희 정승이 남긴 이야기 중 한 편이다. 황희 정승은 많은 이야기를 남긴 인물로 유명하다. '누렁소와 검은 소' 이야기가 대표적이다. 두 소 중에 누가 일을 더 잘하는지 묻자, 농부는 황희 정승에게 귀엣말로 검은 소가 일을 더 잘한다고 한다. 뭘 그런 걸 소곤거리느냐고 묻자, 짐승도 다 자기 얘길 하는 줄 아는 법이라고 농부가 황희 정승을 가르친다. 세종대왕이 이루신 한글 창제 업적이야 말 안 해도 알 것이다. 하지만 모든 일을 세종

대왕이 다 할 수는 없는 일이었다. 옆에서 보조를 맞추는 인물이 있었는데 그가 바로 황희 정승이다. 나랏일로 바쁜 황희 정승의 집에서 종들 사이에 다툼이 일어났다. 황희 정승은 끝내 누구의 잘잘못을 따지지 않고 상황을 정리한다. 이를 본 조카가 자신을 흐리멍덩하다고 하자 그 말도 옳은 말이라고 한다. 참으로 무사태평한 처사다. 게다가 그의 사람 관리가 잘 드러나는 면모다. 어느 쪽에도 치우치지 않는 처세를 보여준다. 과연 세종조에 18년간이나 재상을 지낸 인물다운 처신이라 하겠다.

하지만 이 이야기에서 전달하는 바는 "남의 말을 경청하라."라는 것이다. 우리는 흔히 자신이 아는 잣대로 상대를 판단하고 상황을 이해하기 쉽다. 어린 조카만 해도 두 이야기를 듣고는 바로 자신의 판단으로 잘잘못을 따진다. 그런 아이를 보면서 황희 정승은 "네 말도 옳다."라고 한다. 이야기의 자초지종을 들어보지도 않고 성급하게 판단해서 일을 처리하다가는 오해를 받기 십상이다. 게다가 요즘은 짤막하게 올라오는 인터넷 뉴스의 제목만 보고 상황을 해석다가는 큰코다칠 수 있다. 남의 말을 잘 들어야 한다. 특히 아내의 말을 잘 들어야 한다. 나중에 보면 틀린 말이 하나도 없고 꼭 그렇게 되는 경우가 많기 때문이다. 특히 나처럼 우유부단해서 결정 장애가 있다면 아내의 말을 잘 듣는 것이 신상에 좋다. 여자의 말을 잘 따르면 가정도 편안하다. 〈〈예기〉〉에 삼종지도(三從之道)라는 말이 나온다. 어릴 때는 아버지의 말을, 결혼해서는 남편의 말을, 남편이 죽으면 자식의 말을 따라야 한다는 말이다.

어떤 결론을 내릴지 이미 아시는 분들은 다 아시겠다. 이제 삼종지도는 여자에게 주어진 의무가 아니라 남자에게 일러야 할 말이다. 어릴 때는 어머니의 말을, 결혼하면 아내의 말을, 나중에는 딸의 말을 잘 들어야 편안하다.

서로의 말을 잘 들어준다면 그것이야말로 무사태평한 일이다.

박씨, 허물을 벗다

산업화 시기에 여성들이 선망하는 직업 중 하나가 스튜어디스(stewardess)였다. 어릴 때는 '스튜디어스'가 맞는지 '스튜어디스'가 맞는지 헷갈린 적이 많다. 하여간 최근에 스튜어디스라는 말이 항공사에서 사라졌다고 한다. 비행기에서 일하는 남자 승무원을 스튜어드(steward)라고 하고, 여자 승무원을 스튜어디스라고 했는데, 그것이 성차별이라고 해서 요즘은 공통으로 승무원(flight attendant)으로 부른다. 전통적으로 남자의 직업으로 알려진 소방관이나 군인 심지어 전투기 조종사에게까지 여성의 영역이 확대되는 걸 보면 원래부터 남성과 여성의 역할에는 차이가 없었지 싶다.

옛이야기에 박씨전이 있다. 조선 인조 왕 때의 이야기다. 매우 흉측한 얼굴을 한 박 씨가 재상의 아들 이시백과 혼인을 한다. 하지만 못난 얼굴을 마주한 시백은 아내를 멀리하고, 시어머니도 며느리를 박대한다. 그런데 신비한 능력을 갖춘 박 씨가 허물을 벗고 절세 미녀가 된다. 그리고 마술을 부려 조선을 침범한 청나라의 장수를 이기고, 조선의 평화를 가져온다는 내용이다.

남성의 권위가 하늘을 찌르던 조선시대의 이야기이고 보면 내용이 매우 파격적이다. 사대부가의 가정주부가 청나라 장수 용골대를 물리치는 상상이 대단하다. 미래를 내다보는 능력 또한 뛰어나서 임금에게까지 박 씨의 이야기가 전해지고 나중에는 정경부인으로 칭함을 받는다. 지금도 하기 어려운 이야기를 종횡무진으로 펼친다. 남자들의 무능함을 대놓고 폭로하고 조롱하는 장면도 나온다.

그러나, 아쉬운 것이 있기는 하다. 추한 얼굴의 여자일 때는 아무도 거들떠보지 않다가 절세 미녀가 되자 모두 박 씨를 추앙하는 장면이 나온다. 그것은 박 씨를 대하는 여자들도 마찬가지였다. 시어머니가 무시하자 종들조차도 박 씨를 사람으로 취급하지 않는다. 다만 시아버지만 끝까지 며느리를 감싸고 며느리를 보호하는 장면은 꽤 인상적이다.

인조 임금이라면 병자호란으로 청 태종에게 세 번 절하고 아홉 번 머리를 조아리는 항복 의식을 치른 인물이다. 양반과 천민을 막론하고 수많은 여성이 청나라로 끌려가 고초를 겪고 돌아오게 되어 환향녀(還鄉女)라는 이름이 붙었는데, 나중에 화냥년이라는 말의 유래가 여기에 있단다. (고려 시대 몽골과의 전쟁 이후도 마찬가지다) 이때 돌아온 여자들에게 이혼을 요구한 남자들도 있었다고 하니, 남자들이여, 참으로 가소롭기가 그지없다. 왕은 이혼 대신에 첩을 들이라고 양반들에게 부탁했다고 하니 가관이다.

  아직도 남녀평등이 되기에는 넘어야 할 산이 많다. 우리의 의식이 조선시대에 걸쳐있는 것 같아 안타깝다. 남자의 일, 여자의 일이 따로 있는 것이 아니다. 얼마 전에 장가간 김 선생에게 "아침밥 얻어먹고 왔냐?"라고 했다가 혼이 난 적 있다. 같이 움직이고 같이 살아가는 세상이다. 그런데 아직도 여자에게 손찌검하며 어리석게 힘자랑하는 남자들이 있다. 부디 힘이 몸에서 나온다는 착각을 버리시라. 힘이란 마음에서 나오고 사람을 대하는 자세에서 나온다. 오는 주말에는 그나마 잘하는 김치볶음밥에 달걀부침을 얹어 가족들의 입을 즐겁게 해 주어야겠다.

신정승 구정승

 내 이름이 '정식'이다. 학교에 처음 기간제 교사로 채용되었을 때, 교감 선생님이 우리 학교에는 모두 '기간제 교사'만 있는데, 홍 선생은 '정식 교사'구만, 이라며 농을 했다. 그때 좌우에 있던 선생님들이 다 웃으셨는데, 사실 나는 기분이 좋지 않았다. 기간제 교사 신분은 항상 불안하다. 일 년마다 채용 시험을 새로 치르고 계약서를 다시 적어야 했기 때문이었다. 당시의 처지를 생각해 보면 지금도 저절로 한숨이 나온다. 물론 교감 선생님은 정년을 불과 삼 년 앞두고 있었으니, 당신은 삼 년짜리 기간제 교감이며, 나머지 교사들도 남은 정년만큼만 교사 생활을 할 수 있으니 그 기간만큼의 기간제라는 뜻이었겠다. 그렇다 하더라도 두 살 딸아이의 아빠이자, 임신한 아내의 남편이었던 나는 유쾌할 수 없었다. 다만, 열심히 하면 정식 교사가 될 희망은 있었으므로 같이 웃어넘길 수밖에 없었다.

『필원잡기』에 세조 임금이 농을 하는 이야기가 있다.

세조 임금이 영의정인 고령군(高靈君) 신숙주와 새로 임명된 우의정 능성군(綾城君) 구치관을 내전으로 불렀다. 임금은 술을 한 잔씩 주면서 "신정승"하고 두 사람을 쳐다보았다. 그랬더니 신숙주가 대답했다. 임금은 "방금 내가 부른 정승은 새롭게 임명된 신(新)정승을 불렀는데, 구(舊)정승이 대답했으니, 벌주를 받으시오."라며 술을 권했다. 다시 임금은 "구정승"하고 불렀는데 이번에는 구치관이 대답을 했다. 그랬더니 임금은 나는 옛날(舊) 정승을 불렀는데, 새롭게 임명된 구정승이 답을 했다며 벌주를 주었다. 그리고 다시 "신정승, 구정승"을 불렀는데, 이번에는 아무도 답을 하지 않았다. 그러자 세조 임금은 "임금이 신하를 부르는데, 대답하지 않는 것은 예가 아니요." 하면서 두 사람에게 벌주를 내렸다. 셋은 대취했다.

단종 임금을 폐위하여 사사하고 난 뒤의 이야기가 되겠다. 아마도 세조는 조카를 죽인 일로 마음이 편치 않았을 것이다. 세조를 임금으로 세우는 계유정난의 공신이 신숙주와 구치관이었으니 두 사람이 세조의 곁을 지킨 것은 당연해 보인다. 그만큼 두 사람을 신뢰했으니, 임금은 허물없이 나라의 일을 논하였을 것이다. 대취했다고 하니 세 사람의 친밀감이 엿보인다.

  친한 사람 사이의 농담은 뭘 말해도 그냥 농담이며 높고 낮음이 관계가 없다. 하지만 농담 속에 뼈가 들어있다고 할 때의 농담은 차원이 다르다. 은근히 빗대어 어떤 사람을 논할 때는 때와 장소를 가려야 한다. 요즘 학생 수가 줄어서 학급 수가 많이 줄었다. 앞으로 그 현상은 더욱 심화가 될 것이다. 그래서 부득이하게 기간제 교사를 많이 채용할 수밖에 없다. 있는 사람을 보낼 수는 없는 노릇이니 정교사 채용은 없고 계약제 교사만 채용한다. 한 학급이 줄면 두 명의 교사가 집으로 가야 한다. 내가 있는 학교는 이십여 년 전만 하더라도 전 학년 45개 학급이었는데 지금은 28개 학급으로 줄었다. 자그마치 17개의 학급이 사라졌으니 34명의 일자리가 줄었다.

  앞으로도 계속 줄 계획이란다. 그렇다면 기간제 교사 자리마저도 위태하다. 그때의 교감 선생님이 돌아가셔서 더 이상 그런 농담을 하실 분도 없지만, 이제는 아예 기간제 교사조차도 뽑지 않을 시간이 다가오니 그런 농담조차도 흔적 없이 사라질 위기에 처했다. 격세지감이다.

숨은 고수

고등학교 때 일이다. 당시에 주윤발이 주인공으로 나오는 〈영웅 본색〉은 그야말로 선풍적인 인기를 끌었다. 영화 중간에 담배 대신 성냥개비를 씹는 모습이 나오는데 그걸 흉내 내는 친구들이 많았다. 또, 공중 부양도 인기가 있어서, 양반다리를 하고 오른손으로 코를 서너 번 문지른 후 "얍"이라는 기운을 불어넣으면 공중에 뜬다고 소문이 퍼졌다. 그래서 쉬는 시간이면 교실 뒤쪽에는 서너 명의 친구들이 모여 앉아서 공중 부양을 하겠다고 설쳤다. 실제로 전날 집에서 공중 부양했다는 친구도 있었는데 진위를 확인할 수는 없었다. 그런데, 며칠 후 동네 전봇대에 격투기 동양 챔피언 결정전이라는 포스트가 붙었다. 별생각 없이 지나쳤는데, 가만 보니 늘 조용하게 책이나 읽던 우리 반 친구였다.

『청성잡기』에 한 이야기가 있다. 임진왜란이 한창이었을 때, 왜적에게 뛰어난 무사가 있었다. 여러 명의 장군이 대적하였으나 모두 목이 달아나고 말았다. 그러자 대장군이 저 무사를 상대해서 목을 가져오는 자에게 큰 상을 내리겠다고 했다. 아무도 선뜻 나서지 않는 그때, 무명옷을 입은 한 젊은이가 앞으로 나섰다. 왜장은 긴 칼을 가지고 있었는데 젊은이는 아무런 무기도 가지지 않고 그에게 맞섰다. 왜장 앞에 선 젊은이는 흐느적흐느적 춤을 추었는데, 어느 순간 왜장이 쓰러졌다. 사실 그는 어린 시절 몸이 좋지 않아서 집 안에만 있었는데, 심심해서 바늘을 문에 던졌다. 처음에는 바늘이 문에 맞지 않았는데 차츰 실력이 좋아져 서너 걸음 떨어진 곳에서도 정확하게 원하는 부위를 맞출 수가 있었다. 죽은 왜장의 목과 눈에 바늘이 박혀 있었다.

기이한 능력으로 왜적을 이긴 통쾌한 이야기다. 갑옷도 아니고 무명 삼베옷을 입은 평민이었으니 적장은 그를 가소롭게 보았음이 틀림없다. 흐느적흐느적 춤을 출 때도 왜장은 전혀 준비하지 않았을 것이다. 달리 보면 젊은이는 매우 겸손했다. 자신에게 그런 능력이 있었다면 장군이 될 수도 있었는데도 전혀 티를 내지 않고 백의종군했다. 게다가 몸이 좋지 않아서 재미 삼아 했던 바늘 던지기가 나라를 구하는 일이 되었으니 우연히 자신의 재능을 제대로 찾은 셈이다. 우리 주변에는 범상한 인물들이 많다. 생긴 건 산도적처럼 보이는데 그의 손끝에서 기가 막힌 그림이 나오는 친구도 있고, 작은 체구인데도 달리기가 번개처럼 빠른 친구도 있다.

  그 친구가 챔피언 결정전에서 이겼는지 졌는지는 삼삼하다. 하지만 그 후로 학교의 '짱'이라는 친구도 조용해졌던 기억이 난다. 그러므로 어디 가서 감히 잘 났다고 할 일이 아니다. 주먹을 잘못 휘두르다가는 비틀비틀 바늘 춤을 추는 자에게 바늘을 맞을 수도 있다. 작은 바늘이 치명적이다. 나는 아무런 고수도 되지 못하고 있으니 저절로 겸손해진다.

담임이 누구야?

요즘은 결석하는 아이들이 많다. 조금만 아프면 학교에 오지 않는다. 치과 예약도 수업 시간 중에 하는 경우가 있어서 오전 수업이 끝나면 조퇴를 맡으러 온다. 한마디로 출석에 관해 크게 신경을 쓰지 않는다. 교실 청소도 예전과 같지 않다. 담임인 내가 빗자루를 들고 바닥을 쓸면 자신의 책상 밑을 쓸라며 두 발을 드는 아이들도 있다. 휴지를 주우라고 하면 "제가 안 버렸는데요."라는 말이 돌아오기 일쑤다. 대부분 하나밖에 없는 귀한 아들이므로 부모로서는 "오냐, 오냐." 하면서 키웠지 싶다. 거기다가 화를 내면 장난이긴 하지만 '학교폭력'이라고 하니 참으로 난감하다. 교사들끼리 하는 말로 "담임이 누구야?"라는 말이 있다. 아이가 잘못을 저지르면 담임의 탓으로 돌리겠다는 의도가 다분히 깔린 말이다.

춘풍(春風)은 한량이었다. 부모에게 물려받은 재산이 지금으로 치자면 수십 억대의 부자였다. 하지만 친구들을 불러 모아 밤낮 기생을 끼고 놀고 술로 세월을 보내다 보니 재산을 날리는 것은 순식간이었다. 쫄딱 망한 후에 아내에게 다시는 술을 마시지 않고 기생과 놀지 않겠다고 각서까지 쓰면서 용서를 빌었다. 그 후 몇 년 동안 아내가 바느질과 길쌈으로 밤낮없이 일해서 돈을 모아 살만해지자, 그 돈과 호조에서 빌린 2천 냥의 돈을 들고는 평양으로 장사를 나섰다. 하지만 평양에서 만난 추월(秋月)이라는 기생에게 홀라당 빠져서는 돈을 다 쓰고, 그 집의 하인으로 전락해 버렸다. 이를 알게 된 아내가 관찰사의 비장으로 변복하고 이춘풍을 구해오지만, 춘풍은 아내를 업신여긴다. 나중에 아내가 자신에게 볼기를 치라고 했던 비장임을 알고는 부끄러워했다.

  이 이야기는 조선 후기 양반의 몰락을 그리고 있으며 여성의 사회 참여를 보여주는 「이춘풍전」이다. 경제관념도 없으며 오로지 주색(酒色)으로 세월을 보내는 양반들에게 보내는 일종의 경고다. 춘풍(春風)이 추월(秋月)을 만났으니 천생연분이라 하겠지만, 사실은 봄바람이 가을의 달로부터 압도당하는 형국이다. 처음에는 낭군이라며 깍듯하게 춘풍을 대우하지만, 나중에 춘풍으로부터 더 얻어낼 것이 없게 되자 추월은 춘풍을 급기야 "자네"라고 부른다. 돈이 없으면 졸지에 양반에서 상놈으로 전락하는 조선 후기의 변화를 잘 보여준다. 한편으로는 그래도 '조강지처'가 최고라는 사실을 은근히 암시하기도 한다. 가산을 탕진하고 폭력을 가하는 남편이라 하더라도 '여필종부'의 마음으로 따라야 한다는 유교적 관념이 여실히 남아있는 옛 소설이다.

그러나 자세히 들여다보면 이야기는 달라진다. 옛이야기가 주는 교훈이 그것뿐만이 아니기 때문이다. 이춘풍이 자라 온 환경을 보자. 외동아들로 태어난 춘풍은 어렸을 때부터 하고 싶은 것은 뭐든지 하고 자랐으며 돈을 물 쓰듯 하면서 살았다. 부모는 춘풍이 원하는 것이면 무엇이든 들어주었다. 그러니 부모가 세상을 떠나자, 전 재산을 술과 여자에게 쏟아붓고는 몰락한 양반이 된다. 만약에 춘풍이 재산을 관리할 수 있도록 가르쳤다면 춘풍이 허랑방탕한 생활을 할 리도 없고 남의 집 자식(아내)을 고생시켰을 리도 없지 않았을까.

나도 제대로 된 교육을 받았나 곰곰 생각해 보면 그렇지 않다. 늘 좋은 대학에 가라, 공무원이 되라, 아파트는 있어야 한다. 라는 말만 들었지, 인생을 어떻게 살아라, 인간관계는 어떠해야 한다, 베풂이란 이런 것이다, 와 같은 말은 들어본 적은 좀처럼 없는 것 같다. 그러다 보니 집에 두 아이에게도 똑같은 말을 되풀이했다. 물론 춘풍처럼 물려받은 재산도 없고, 물려줄 재산도 없으니, 춘풍과 같은 아들과 딸이 되지는 않겠다. 주변에서 "그 사람 참 괜찮다."라는 소릴 듣는 아이들이 되면 좋겠다. 마찬가지로 우리 반 아이들도 좋은 일로 "담임이 누구야?"라고 질문받는 일이 많다면 좋겠다.

흥부전, 3:14의 법칙

 사람들은 자신에게 닥쳐온 불행을 비난한다. 뉴스도 언제나 좋은 소식보다는 나쁜 소식이 많다. 오죽하면 무소식이 희소식이라고 했을까? 월급이 올랐다는 소식보다는 물가 인상 뉴스가 더 크게 다가온다. 누군가 좋은 집을 샀다고 하면 좋기는 하지만 공연히 배가 아플 때도 종종 있다. 저 사람은 무슨 복이 많아서 저렇게 잘 사나, 하는 의구심이 든다.

 흥부가 다리를 고쳐 준 제비에게서 얻은 박이 세 개였다. 나중에 실근실근 박을 타자 온갖 약재와 가구 그리고 쌀과 돈이 차례로 쏟아져 나왔다. 이 이야기를 들은 놀부가 제비 다리를 억지로 부러트려서 얻은 박은 총 열네 개였다. 한 개를 탔을 때 나온 것은 온갖 무뢰배였다. 그들은 놀부를 거꾸로 매달아 놓고는 돈주머니에 돈을 가득 채우라고 한다. 그런데 아무리 엽전을 채워도 돈주머니가 차지 않았다. 그래서 나중에는 엽전 꾸러미로 주머니를 억지로 채워 넣고서야 겨우 목숨을 구했다. 놀부 마누라가 이러다가 거덜 날 테니 박을 그만 타라고 말렸다. 그래도 놀부는 "그게 아니다. 곧 금화 보화가 쏟아질 것이다."라며 하나씩 박을 탔다. 탈 때마다 온갖 궂은일들이 벌어졌고 결국은 돈을 다 날렸다.

흥부와 놀부 이야기는 고전 중에서도 명작이다. 우리가 주로 이야기하는 부분은 박을 타는 부분인데, 이야기의 처음은 경상도와 전라도의 경계 마을에 놀부 형제가 살았다는 이야기로 시작한다. 흥부는 글을 많이 읽은 선비로 묘사되고 놀부는 글을 모르며 그저 일만 한 농사꾼으로 묘사된다. 아마도 이야기의 재미를 위해서 장자를 무지한 농사꾼으로 만들었지 싶다. 놀부는 글을 몰랐지만 이재에는 아주 밝았다. 그러나 심보가 고약하여 결국에는 망한다는 이야기다. 그래서 이 이야기는 누구에게나 마음을 곱게 쓰라고 가르친다.

하지만 이야기 속으로 한 발 내디뎌 보자. 놀부는 제비의 다리를 부러뜨리지 않더라도 이미 그 지방 제일의 갑부였다. 그의 재물에 대한 욕심이 그를 몰락의 길로 이끌었다. 박 하나를 탔을 때, 이미 많은 재물을 잃었다. 그런데 두 번째 박에는 금은보화가 있을 것이라는 욕심을 버리지 못했다. 결국, 14개의 박을 모두 탄 이후에는 쪽박을 차게 되었다. 절반에서 멈추었더라도 그는 부유하게 살았을 것이다.

 우리에게 주어지는 박이 있다. 누군가에게는 세 개의 박이, 또 어떤 자에게는 열네 개의 박이 있을 수도 있다. 그런데 앞에서 보았듯이 박의 개수는 전혀 중요하지 않다. 그 속에 무엇이 들었는지가 중요하다. 어떤 해는 흥부의 박처럼 풍성한 혜택이 가득 든 박을 얻을 수 있고, 또 어떤 해는 놀부의 박과 같이 정말 넌덜머리 나는 일이 담겨있는 박을 탈 때도 있다. 흥부가 얻은 세 개의 박이 놀부가 얻은 열네 개의 박보다는 박 속의 내용물이 훨씬 좋다. 그 말은 우리 앞에 놓여 있는 불행이 아무리 많아도 우리는 행복해질 수 있다는 말이다. 단 세 개의 박이지만 열네 개의 박을 능가한다. 당장 생활이 어려울 수 있다. 그 모든 어려움을 넘기면 정말 좋은 날이 온다. 다만 그 속을 만드는 것은 이제 우리의 몫이다.

호구(糊口), 호구(虎口), 호구(好口)

　세상에 무서운 것이 한둘이 아니다. 그래도 보통 사람에게 가장 두려운 일을 꼽으라면, 아무래도 호구지책(糊口之策)이겠다. 한자어 그대로 해석하자면 '입에 풀칠하는 일'이다. 호구(糊口)라는 말이 먹을 것을 구하는 일이고, 또 다른 호구(虎口)라는 말은 호랑이 아가리를 뜻한다. 이렇게 보나 저렇게 보나 '밥 먹고 사는 일이 가장 어려운 일'이고, 그걸 하자면 누구나 '호랑이 아가리'에 들어가야 하니 먹고 사는 일이 곧 죽는 일이나 다름없다. 여기저기에서 "힘들어 죽겠다.", "아이고! 죽겠다."라는 말이 그냥 하는 소리는 아닌 것 같다.

　옛이야기에 '곶감과 호랑이'가 있다.

　겨우 말을 알아듣는 아기가 마을이 떠나갈 듯 울자, 어머니가 자꾸 울면 호랑이가 와서 잡아간다고 으름장을 놓았다. 그래도 울음을 그치지 않던 아이가 곶감을 준다고 하자 울음을 뚝 그쳤다. 마침 그때 산속에는 먹을 것이 없어서 먹이를 구하러 내려온 배고픈 호랑이가 그 이야기를 들었다. '세상에 나보다 더 무서운 놈이 있구나', 하며 달아나려고 할 때 소도둑이 그 집에 있었는데 호랑이를 소로 알고는 올라탔다. 이에 호랑이는 곶감이 올라탄 줄 알고 줄행랑을 쳤다. 소도둑은 소도둑대로 무서워서 잡은 호랑이 목덜미를 놓지도 못하고 산속으로 들어섰다가 나뭇가지에 올라타서 목숨을 구했다.

우리가 아주 잘 아는 이야기다. 나중에 이야기가 변주되어서 토끼와 곰이 등장해서 호랑이 등에 올라탄 것은 곶감이 아니라 사람이라는 사실을 말하기도 한다. 경험해 보지 않은 막연한 생각만으로 걱정하는 것을 경계하는 글이다. 실제로 호랑이가 곶감을 본 적이 없으니, 곶감이 아주 무서운 어떤 동물이라고 여겼고, 또, 공교롭게도 소도둑이 나타났으며 소도둑을 곶감으로 오인하는 일이 벌어졌다. 우리는 곧잘 한 번도 경험하지 않았거나, 경험하지 못 한 일을 하기를 두려워한다. "저걸 내가 어떻게 하겠어?"라고 생각한다면 그 일은 절대로 이루어질 수 없다. 시도조차 하지 않은 일이 이루어질 리가 없기 때문이다.

하지만 이 이야기가 우리에게 하고 싶은 말은 정작 딴 데 있는지도 모른다. 바로 '하찮은 것'들에게 가져야 하는 두려움이다. 실제로 우리 주변에는 중요한 것, 좋은 것, 귀한 것들에 관한 이야기는 많다. 그러나 호랑이보다 백배 천배나 더 만만한 곶감이 때로는 정말 무서운 법이다. 일상적인 것이 정말 소중할 때가 있다. 아침 해와 저녁달, 저절로 푸르러져 가는 이파리들, 그리고 우리 주변의 사람들. 그런 것들을 소중히 여길 줄 안다면 우리의 호구지책은 즐거운 호구(好口)가 되지 싶다.

모기와 두꺼비

철모르는 모기 한 마리 때문에 밤새워 뒤척였다. 불을 켜고 있으면 도무지 행방을 알 수 없는데, 불만 끄면 귓가에 웅웅 거린다. 계절도 가을로 접어들어 아침저녁으로는 제법 서늘한데도 녀석은 나를 제 밥으로 아는지 영 갈 생각이 없는 것 같다. 며칠 전에는 또 무당벌레 한 마리가 딸아이 방에 들어와서 난리를 피운 적이 있다. 근처에 숲이 있는 것도 아닌데 아파트 화단에서 살다가 날아온 모양이었다. '집 안이 궁금했구나', 하면서 녀석을 살며시 잡아 창문을 열고 다시 날려주었다.

옛이야기에 두꺼비와 처녀 이야기가 있다.

지독히 가난한 가운데 홀어머니를 모시고 사는 처녀가 있었다. 그런데, 이 마을에는 옛날부터 무시무시한 재앙이 있었다. 사람들은 신이 노한 줄 알고 매년 처녀를 산속 깊은 동굴에 갖다 바쳤다. 어느 날 처녀가 부엌에서 밥을 짓는데 두꺼비 한 마리가 나타났다. 처녀는 두꺼비를 불쌍히 여겨 매일 자신의 먹을 것을 나눠주었다. 얼마 후 처녀의 어머니가 돌아가시고 장례를 치를 돈이 없자, 마을 사람들은 처녀가 제물로 바쳐지는 것을 대가로 장례를 치러주었다. 처녀는 재물로 팔려 가기 전날 두꺼비에게 더는 밥을 줄 수 없다며 사연을 털어놓았고 두꺼비는 처녀의 치마폭을 잡고 놓지 않았다. 그래서 처녀는 두꺼비와 함께 동굴로 가게 되었는데 그 동굴에는 용이 되기 직전의 이무기가 있었다. 두꺼비는 독을 내뿜으며 이무기와 싸웠고 둘 다 죽었다. 이후로 마을에는 아무런 재앙이 없었고 처녀는 무사히 집으로 돌아왔다.

두꺼비의 보은 이야기다. 두꺼비는 우리 민담에 자주 나타나는데, 주로 은혜 갚는 이야기에 등장하는 고마운 동물이다. 사실 동물들은 인간이 해코지하지 않으면 먼저 공격하는 경우가 거의 없다.

이 이야기는 보은 말고도 그 속에 무궁무진한 뜻을 담고 있다. 첫 번째는 생명을 소중히 여기는 처녀의 마음이다. 실제로 두꺼비는 생김새가 좀 징그럽다. 아이들이 보면 놀라서 기겁할 일이다. 그런데 처녀는 배고픈 사람을 대하듯 두꺼비에게 먹을 것을 주었고 대화를 나누었다. 살아있는 생명체를 사랑하는 마음을 잘 보여준다. 두 번째는 도와주는 마음이다. 이야기의 첫 시작이 가난한 살림이다. 장례를 치를 돈도 없으며 제물이 되어 몸을 팔 지경이 아닌가. 그런데도 자신보다 더 가난한 존재를 도와준다. 보통 마음가짐으로는 어림도 없는 일이겠다. 세 번째는 그 이후로 마을에 재앙이 없어졌다는 사실에 주목해야 한다. 자연을 사랑하고 자연을 있는 그대로 잘 보존하면 어떤 재난이나 재앙도 일어나지 않는다는 말이다. 우리가 자연을 너무 험하게 대하고 있는 건 아닌지 모르겠다.

그나저나 오늘 밤에도 철모르고 달려드는 모기를 어떻게 해야 하나 걱정이다. 집에 두꺼비를 한 마리 가져다 놓든지 해야겠다. 어디서 나타날지 모르는 모기를 잡는 데는 최고일 듯하다. 열 잘 받는 내가 희생양이 되면 가족들은 편한 밤이 될 것이다. 그러면 모기도 살고 나도 살 텐데, 하지만 그건 너무 두려운 일이다. 뒤늦게 모기장을 사러 가야 하나, 아니면 밤을 새워야 하나? 이런 게 어려운 일이다.

임영웅과 무왕

　동생이 보낸 메시지가 가족 대화방에 떴다. "몇 날 며칠 몇 시부터 임영웅 인터넷 예매 시작, 표 꼭 구해줘."
　코로나가 터지고 한참 동안 우울했다. 그 기간에 우리의 우울증을 치료해 준 이가 바로 임영웅이다. 동생은 그만 임영웅에게 푹 빠졌다. 아내도 연일 젊은 청년들의 노래에 귀를 모았다. 과연 누가 우승할 것인가, 하면서 처제들에게 전화하고, 프로그램이 시작되면 나에게 조용히 있으라면서 검지를 입에 갖다 댔다. 그럴 땐 조용한 게 상책이겠지만 가끔 아는 노래가 나오면 저절로 흥얼거리는 것이 아닌가. 그러다 보면 베개가 날아오고 그보다 더 무시무시한 눈을 흘기는 시선이 따라온다. 좋거나 나쁘거나 임영웅 덕에 아내의 시선을 받아보는 시간이었다.
　하지만 지금은 그때만큼 노래 프로그램을 찾지는 않는다. 동생은 그런데도 여전히 임영웅에게 몰입한다. 팬클럽에 가입하고 온갖 임영웅 기념 상품을 사 모으고 전국에서 열리는 콘서트를 찾아다닌다. 왜 그러나 싶기도 하지만, 임영웅 이야기만 나오면 얼굴에 화색이 도는 동생을 보면 좋기도 하다.

실제로 임영웅이 국민의 전폭적인 사랑을 받기 전의 삶을 보면 그렇게 순탄한 삶이 아니었다. 어린 시절에 아버지를 여의고 미장원을 하는 어머니 밑에서 자랐다. 아마도 이 글을 읽으시는 모든 분이 그에 대해서 잘 알지 싶다. 그가 오디션 프로그램에서 우승하기 전에도 몇 차례 전국노래자랑이나 공영방송의 노래 프로그램에서 우승했지만, 그때는 그의 존재감이 거의 없었다. 다만 코로나라는 특수한 상황과 오디션 프로그램이 잘 맞은 덕분에 그의 재능이 발휘된 것이었다.

『삼국유사』의 권 제2에 「무왕」 이야기가 있다.

무왕은 우리가 잘 아는 서동요(薯童謠)의 주인공이다. 백제의 어느 산골에서 마를 캐며 살던 총각에게 신라 진평왕의 셋째 딸 선화공주의 이야기가 들려온다. 서동은 즉시 경주로 가서 서동요를 아이들에게 들려준다. 아이들에게 산에서 캐온 마를 주며 "선화공주님은 남몰래 짝지어 두고 서동서방(薯童書房)을 밤에 몰래 안고 간다네"라는 노래를 퍼트리게 했다. 이 노래가 궁궐에까지 들어가게 되었고 대신들의 간언으로 선화공주는 쫓겨난다. 쫓겨나는 공주 앞에 서동이 나타나 공주를 자기 집으로 데려간다. 공주가 왕비로부터 얻어온 순금을 서동에게 팔아오라고 하자 서동은 "그런 것은 마를 캐는 뒷산에 흙더미처럼 있다."라고 한다. 그 금들은 곧 신라의 왕실로 보내졌고 서동은 백제의 무왕이 되었다.

 서동과 임영웅의 삶이 닮아있다. 두 사람 다 아버지가 부재한 어린 시절을 보냈다. 실제로 아버지가 없는 삶 자체가 이미 고난이자 역경이 아닌가?『삼국유사』에 따르면 서동의 어머니는 못의 용(龍)과 정을 통해서 서동을 낳았다고 전한다. 과부에게 찾아온 연못 지킴이, 용의 아들이 바로 서동이다. 또 하나 닮은 점은 두 사람이 바로 노래를 통해서 한 사람은 국민적 가수가 되었고 한 사람은 나라를 얻었다는 사실이다.
『로미오와 줄리엣』은 집안의 반대를 무릅쓴 사랑 이야기다. 신분을 넘어선 사랑 이야기로는『신데렐라』와『춘향전』이 있다. 그런데 국경과 신분 두 가지 다를 넘어선 이야기는 백제의 무왕을 따라 올 이야기가 없다. 금도 몰라보는 시골의 무지렁이였던 서동과 진평왕의 딸인 선화공주의 결혼은 신분을 뛰어넘는다. 백제와 신라라는 국경을 초월한 사랑이기도 하다. 그러나저러나 늘 하는 이야기지만 그 배경을 살펴보면 옛이야기가 전해주는 교훈은 무궁무진하다. 전쟁으로 힘들었던 백성들은 두 나라가 화해해서 전쟁 없는 평안한 삶을 요원했다. 또한 '개천에서 용 난다.'라는 속담처럼 자신들의 암울한 삶을 탈피해 보고도 싶었을 것이다. 뿐인가? 황금이 지천으로 널려져 있어서 양식 걱정, 돈 걱정 없이 살았으면 좋겠다는 염원이 근저에 있었을 것이다. 과부에게서 난 시골 청년이 공주와 결혼하고 나중에 왕이 되는 흐름이 극적이다. 물론 백제와 신라의 관계 속에서 백제의 금을 신라에 보냈다는 측면에서는 우열 관계를 따지고 당시의 질서에 관해서 논하는 이도 없지 않지만 여기서는 그냥 사랑 이야기로만 읽어주시길 바란다.

아무리 눌러도 '접속 중'이라는 화면만 뜬다. 오늘도 동생에게 표 한 장 예매해 주기는 애당초 글렀다. 그래도 오빠가 요렇게 애쓰고 있다는 사실을 알아주면 좋겠다. 동생이 그렇게 좋아하니 괜히 나에게도 임영웅이라는 이름이 살갑게 다가온다. 그가 부른 '보랏빛 엽서'가 흥얼거려지면 동생 생각도 덩달아 난다. 노래가 마음을 울린다.

염치

 수능이 얼마 남지 않았다. 심야 자율학습 감독을 하다 보면 자주 보는 풍경이 있다. 밤 11시가 되면 교정이 주차장으로 변한다. 아들이 자습하고 집으로 걸어오는 것이 안타까운 학부모들이 아이를 데리러 온 것이다. 세상의 모든 아버지나 어머니 마음은 매한가지다. 집에도 수능을 다섯 번째 치르는 아들 녀석이 있다. 우스갯소리로 중형차 한 대 값은 날려 먹었다고는 하나, 자신이 목표하는 공부가 있으므로 녀석을 믿는다. 그 믿음의 가운데는 아들이 나중에 행복하게 살 것이라는 전제가 있다. 그 행복의 여정이 어떤 길인지는 반평생을 살아 본 나도 잘 모르겠지만, 자신이 하고 싶은 일을 하면서 물질적으로 크게 부족하지 않고 신체적으로 아픈 데가 없다면 좋을 것이며 건전한 사고가 더해진다면 좋겠다. 게다가 선한 영향력이 미친다면 더할 나위 없을 것이다.

여유로운 오후에 연암공원 안에 있는 구암서원을 둘러본다. 그곳에서는 서거정 선생을 모시고 있다. 서거정 선생은 최대 업적은 『필원잡기』다. 물론 『향약집성방』을 번역하고 『동국여지승람』 등의 여러 책의 편찬에 참여하기도 했다.

『필원잡기』에 정절(貞節) 정갑손(鄭甲孫)의 짧은 이야기가 있다.

정갑손은 조선 문종 때의 문신이다. 함경도 관찰사였던 그가 어느 날 임금의 명으로 한양으로 출장을 오게 되었다. 임금을 만나고 나오는 길에 방이 붙어있기에 보니 아들 오(烏)의 이름도 합격자 명단에 있었다. 공은 즉시 수염을 꼿꼿이 세우고 화를 내며 시험을 관장한 관리를 꾸짖었다. "늙은 놈이 감히 내게 여우같이 아첨하려는 게지. 내 자식 오는 학업이 아직 정밀하지 못한데, 어찌 요행으로 임금을 속이겠는가!" 하며 아들의 이름을 지워버리고 결국 그 관리도 내쫓았다.

정갑손의 시호는 정절(貞節)이며, 문종 때에 청백리에 봉해졌다. 청백리에게 요구된 네 가지 근본, 사유(四維)는 예(禮)·의(義)·염(廉)·치(恥)였으며 그중에서도 염(廉)과 치(恥)를 강조하였다 한다.

대구 도심 종로에 화교학교가 있다. 그곳에 들어서면 가장 먼저 눈에 띄는 학교의 교훈이 바로 염치다. 글자 그대로 해석하자면 체면과 부끄러움을 아는 마음이다. 누구나 마음에 새겨야 할 말이지만, 나랏일을 하고자 하는 사람들이라면 꼭 알아야 할 단어라 하겠다.

아들 녀석이 앞으로 어떤 일을 하게 될지는 알 수 없다. 다만 그 일에 만족하고 행복해하면 좋겠다. '무자식이 상팔자'라는 말은 장자의 《천지 편》에 나오는데 요즘도 회자하는 걸 보면 당시에도 자식 걱정으로 속을 썩는 부모들이 많았던가 보다. 하지만 아들과 함께하며 받은 행복이 더 크다. 야구장에서 같이 소리를 지르고, 통닭을 뜯으며, 목욕탕에서 발가벗은 채로 서로의 몸을 밀어줄 때 행복하다. 언제든 든든하고 아름답게 보인다. 녀석이 행복하게 살길 바란다. 염치를 알고 산다면 더 좋고.

벼락

근무하고 있는 학교 중앙현관 입구에 교사들의 증명사진과 과목 그리고 좌우명이 적힌 큰 액자가 있다. 쉬는 시간이면 아이들이 옹기종기 모여 처음에는 사진을 보고는 이 사람이 그 사람이 맞나? 하고 의문을 가진다. 교사들이 젊은 시절의 사진을 제출했기 때문에 일어나는 현상이다. 또한, 방학을 이용해 얼굴이 얼마간 변해버린 선생들도 있어서 아이들이 헷갈릴 만도 하다. 내가 봐도 그가 그인지 혼동되니 의술이 많이 발전했구나, 여긴다.

사진을 보던 아이들은 또 좌우명을 들먹인다. 좌우명이란 자신의 신념을 드러내는 것이므로 '시간은 금이다.' '여호와를 경외함이 지혜의 근본이다.'와 같은 격언이나 성경 말씀 그리고, '기본에 충실 하자', '배려하는 삶을 살자'라는 소신을 피력한 글도 있다. 아이들이 어려도 저희만의 생각이 있어서 좌우명과 실제 교사들의 행동을 잘 파악한다. 그러므로, 저희끼리 낄낄거리는 때가 있다. 그러면 혹시 나를 두고 비웃는 건 아닌지 두렵기도 하다. 나의 경우에는 영어 교사 티를 내기 위해 'Don't Be Afraid!(두려워하지 마라!)'를 적어 두었다.

내가 그 말을 적은 것은 첫 번째는 내가 겁이 많기 때문이다. 남들이 보기에 겁이 없는 것처럼 보이도록 거칠게 행동할 때가 있지만, 두려움으로 가득 찬 똥개가 소리높여 짖듯, 내 경우도 그렇다고 보면 되겠다. 선천적으로 약골이기도 하고, 태권도와 같은 무술 자격증도 없으며(1단이 있기는 하나, 군대에서 받았다) 배는 나왔으나 몸이 호리호리하고 팔다리가 가늘고 근력이 약해 팔씨름이나 씨름에서 제대로 이겨본 적이 없다.

두 번째는 그런 겁많은 것을 극복하고자 하는 내 의지의 표현이다. 계속해서 약골로 비치거나 허약해 보인다면 누가 나를 믿고 의지할 것인가? 사춘기 아이들의 담임을 맡아 한 해를 잘 지내자면 좀 건강해 보일 필요가 있다. 또 아내와 아이 둘을 둔 가장이기도 하니 스스로 두려움을 이기고자 하는 자기최면이기도 하다.

세 번째는 소극적인 아이들을 경계하고자 함이다. 아이들은 성적에 목을 맨다. 빈 종이를 주고 생각을 적어보라고 하면, 제목을 적어야 하는지, 어디에다 이름을 적어야 하는지, 가로로 적는지, 앞에만 적는지, 연필로 적는지, 볼

펜으로 적는지, 뒤에 적어도 되는지 질문이 많다. 틀에서 벗어날 생각이 조금도 없다. 요구대로 적지 않으면 감점을 받아 왔기 때문이다. 그러니 아이들이 약간의 유연성을 발휘할 기회도 없다. 물론 평가의 기본을 무시하자는 말은 아니니, 의심하지 말기 바란다.

『태평한화골계전』에 나오는 이야기다.

옛날에 송월당(松月堂) 조수(趙須) 선생은 삼외(三畏), 즉 세 가지 두려워하지 않는 것에 대해 다음과 같이 말했다. "돈이 생기면 술을 마시고 취해, 길게 누워 코를 크게 고니, 벼락을 두려워하지 않는 것이 첫 번째이다. 겨울에는 털옷을 입고 여름에는 베옷을 입으며, 아침에는 범벅을 먹고 저녁에는 죽을 먹으며 동이에는 양식이 남아있지 않고, 상자에는 여벌 옷이 없으니, 도둑을 두려워하지 않는 것이 두 번째이다. 십 년을 벼슬길에서 놀며 한 치를 나아가면 한 자를 물러서고, 부귀를 뜬구름같이 알며 공명을 신 벗듯 하니, 공경과 재상을 두려워하지 않는 것이 세 번째이다."

조수 선생처럼만 산다면야 정말 두려운 것이 없겠다. 재산이 없으니, 도둑이 들 염려가 없고, 집에 양식이 없으니, 누가 그에게 돈을 빌릴 리도 없고, 직위도 낮아서 누가 그에게 청탁할 리가 없지 않은가? 그는 소위 안빈낙도(安貧

樂道)의 삶을 살았다. 빈곤을 도(道)로 알고 권력에 욕심도 없으니 언제든지 바른 소리를 입에 달고 살았을 것이다. 그러니 재상들이 그를 슬슬 피하지 않았을까?

이 글을 자세히 보면, '벼락'이 나온다. 벼락이란 '번개'의 다른 말인데, 하늘에서 땅으로 떨어져 내리는 것이다. 비가 오는 날, 갑자기 사위가 어두워지고 번쩍하고 내려치는 벼락과 천둥소리를 들으면, 예전에 내가 한 부도덕한 행동으로 '벼락 맞는 게 아닌가.'하는 두려움이 막연히 들 때가 있다. 하지만 윤동주의 시처럼 조수 선생이야 '하늘을 우러러 한 점 부끄러움이 없는' 삶을 살았으니, 어디서든 당당했을 것이다.

무소유로 살았던 그는 실제로 병조의 인사행정을 담당했던 정5품의 병조정랑(兵曹正郞)을 끝으로 관직을 그만두었다. 세종 임금 때에 집현전에서 매월당 김시습과 서거정에게 시문을 가르쳤으니, 그의 학문의 깊이는 말해 무엇하랴. 인사를 담당한 요직에 있던 그가 한 치(한 자의 10분의 1)의 승진을 하면 한 자를 물러섰다고 하니, 그의 초연함이 진정 부럽기도 하다.

그렇지만 조수 선생을 바라보던 아내와 자제들의 입장은 달랐지 싶다. 월급을 받으면 술로 탕진하니 가정이 제대로 돌아가지 않았을 것이며, 한집안의 가장으로서 가정을 건사하지 못했으니 그 아내가 감당했을 고난이 이루 말할 수가 없었을 터다. 게다가 권력욕도 없으니, 아내는 무능한 그에게 "아이고 이 양반아!"라는 말을 달고 살았을 것이다. (이건 내가 자주 듣는 말이다)

후세에 와서 그의 이름이 좋은 일로 오르내린다. 그의 말을 본받으라는 말이다. 그의 '두려워하지 마라.'는 말은 역으로, 작은 권력이라도 가진 이들에게 '두려워하라, 두려워해야 한다.'라는 말로 들려야 한다. 요즘 뉴스에 나오는 사람들은 가진 게 좀 많은 것 같다. 보통 사람의 자리에서 보자면 그렇다. 여러 번 위장 전입을 해가며 고생 끝에 형성한 재산이 고작 몇십억, 몇백억 정도밖에 안 되며, 또 그 정도 가진 것이 벼락 맞을 일은 아니라고 생각하는가 보다.

평생 '뭐, 어때!'를 남발하고 살아오신 여든 중반의 아버지가 뉴스를 보시다가 '에이, 벼락 맞을 놈들!' 하시는 걸 보면, 꼭 그렇지만도 않은 것 같다. 그래도 공정과 정의가 살아있기를 기대해 본다. 하늘을 두려워하며 진심으로 백성을 위해 일하는 염치 있는 이가 몇은 있지 않겠는가?

염라대왕의 부탁

　뉴스를 보면 입에 담지 못할 일을 저지르는 흉악범이 자주 등장한다. 그러면 사람들은 "저런 사람은 염라대왕이 왜 안 잡아가나?" 하고는 이구동성으로 외친다. 옛말에 한 번 실수는 병가지상사(兵家之常事)라고 했다. 실수는 흔히 있을 수 있다는 이야기다. 이때의 실수는 언제든지 다시 고칠 수 있는 실수를 뜻한다. 컴퓨터 작업이 잘못되면 지우고 다시 시작하면 된다. 글도 마찬가지다. 내용이 틀리거나 그르면 다시 적으면 될 일이다. 지금 적고 있는 글도 여러 번 수정을 거친다. 실수가 용납되는 셈이다. 그런데 죽고 사는 문제가 달린 일이라면 이야기는 달라진다. 돌이킬 수 없기 때문이다.

　저승사자의 실수로 한 젊은 양반이 저승으로 갔다. 지엄하신 염라대왕 앞에 엎드려 나이와 고향을 이야기하자, 염라대왕은 명부에 없으니 다시 돌아가라고 했다. 그런데 염라대왕은 젊은이에게 한 가지 부탁을 한다. "내가 이곳으로 온 지 꽤 되어서 도포가 낡았으니, 도포를 갈아입어야겠다. 그러니 내 집으로 가서 도포를 하나 가지고 오라." 그러자, 젊은이는 "이승과 저승의 구별이 있는데 어찌 사람들이 제 말을 믿겠습니까?"라고 물었고, 염라대왕은 "집안 식구들은 모르는 서재의 〈시경〉이라는 책에 내 옥관자 고리가 있으니, 그것으로 판별하라."라고 말했다. 젊은 양반이 깨어나서 그가 말한 집으로 가서 사실을 이야기했더니, 진실이었다. 아들들은 젊은이를 칙사로 대접하고 새 도포를 지어서 불태웠다.

죽고 사는 일에 실수가 있어서는 안 되겠지만, 옛이야기에 보면 염라대왕에게 잘 못 붙들려 갔다가 살아오는 경우가 제법 있다. 몽골에서는 한 젊은이가 저승사자들의 실수로 죽었는데, 그 보답으로 염라대왕이 선물을 준다. 젊은이에게 수많은 것들을 보여주며 원하는 것 한 가지를 가져가라고 했더니, 젊은이가 책을 가지고 왔다고 한다. 그래서 우리가 지금도 책을 볼 수 있다는 이야기다. 책을 즐겨 보는 사람들은 고맙다고 할 테고, 책 읽기를 싫어하는 사람들은 "아니, 돈을 가져올 것이지, 그러면 우리가 돈 걱정 없이 살 텐데."라고 할 수도 있겠다.

그런데, 이 이야기에서는 염라대왕이 오히려 환생할 사람에게 부탁한다. 생살여탈권을 쥐고 있는 염라대왕의 부탁치고는 아주 초라하다. 겉에 입을 도포를 새로 좀 가져다 달라는 것이다. 우리가 알고 있는 염라대왕의 모습과는 매우 다르다. 무섭고 지엄하기 그지없어야 하는데 고작 외투를 부탁하니 아무래도 저승이 춥기는 추운가 보다.

저세상보다는 이 세상에 사는 것이 낫다는 말을 자주 듣는다. 살아있는 자체가 축복이다. 그런데도 저승을 동경하는 사람들이 있다. 자살률로 보아도 우리나라를 쫓아올 나라가 없다. 문제가 자못 심각하다. 염라대왕이 자신이 입을 외투를 걱정하는 지경이면 나머지 사람들은 말해 무엇하랴. 혹시 그런 생각을 추호라도 가지고 있다면 다시 생각해 보시라.

나는 추위를 많이 타서 겨울이 딱 싫다. 몸이 말라서 그런지 열은 금방 빠져나가고 한기가 빨리 찾아든다. 그러니 언제든지 온도를 조절할 수 있는 집이면 만족한다. 몸도 마음도 따뜻한 곳에 오래 머무르면 좋겠다. 그래서 염라대왕께 부탁한다. 제발 실수 좀 많이 하시기를 바란다. 실수로 흉악범은 좀 빨리 잡아가시고, 평범한 보통 사람들은 좀 늦게 잡아가시면 좋겠다. 외투라면 우리 집에 얼마든지 있으니, 다 가져다드릴 수도 있으니까.